Martin Löhnig
Neue Zeiten – Altes Recht

**Zeitgeschichte
im Gespräch
Band 24**

Herausgegeben vom
Institut für Zeitgeschichte

Redaktion:
Bernhard Gotto und Thomas Schlemmer

Neue Zeiten – Altes Recht

Die Anwendung von NS-Gesetzen durch
deutsche Gerichte nach 1945

von
Martin Löhnig

ISBN 978-3-11-040254-4
e-ISBN (PDF) 978-3-11-040258-2
e-ISBN (EPUB) 978-3-11-040265-0
ISSN 2190-2054

Library of Congress Cataloging-in-Publication Data
A CIP catalog record for this book has been applied for at the Library of Congress.

Bibliografische Information der Deutschen Nationalbibliothek
Die Deutsche Nationalbibliothek verzeichnet diese Publikation in der Deutschen
Nationalbibliografie; detaillierte bibliografische Daten sind im Internet über
http://dnb.dnb.de abrufbar.

© 2017 Walter de Gruyter GmbH, Berlin/Boston
Titelbild: Gerichtsszenen 1950 bis 1979; Heinz Hering/Süddeutsche Zeitung
Photo
Einbandgestaltung: hauser lacour
Druck und Bindung: Hubert & Co. GmbH & Co. KG, Göttingen
♾ Gedruckt auf säurefreiem Papier
Printed in Germany

Inhalt

I.	Einleitung	7
II.	Ehescheidungsrecht.	15
	1. Rechtsgrundlagen	15
	2. Die Judikatur von Gerichten der westlichen Besatzungszonen	18
	a) Eine glatte Sache	18
	b) Abwägung aller Umstände	23
	c) Die Hochzeit wird abgesagt	36
	d) Der Weg in die bundesdeutsche „Versorgungsehe"	37
	3. Die Judikatur von Gerichten der Sowjetischen Besatzungszone	38
	a) Kritik aus dem Osten	38
	b) Die Ehe als Schicksalsgemeinschaft	39
	c) Die Ehe als „hohle Form"	42
	d) Der Generalstaatsanwalt wird aktiv	44
	e) Förderung gesellschaftlicher Ziele und Ideale	47
	f) Reichsgericht *revisited*?	50
	4. Zusammenfassung	52
III.	Ehelichkeitsanfechtung durch den Staatsanwalt	56
	1. Rechtsgrundlagen	56
	2. Die Rechtsentwicklung in der amerikanischen Besatzungszone	63
	a) Ein beflissener Ministerialrat: die bayerische Leitentscheidung	63
	b) Die Praxis der unmittelbaren Nachkriegszeit in Bayern	65
	c) Die bayerischen Richtlinien 1948	70
	d) Der Einfluss der bayerischen Leitlinien auf die amerikanische Besatzungszone	77
	e) Fazit	81
	3. Französische Zone	83
	a) Die Leitentscheidung	83
	b) Die Offenburger Praxis	84
	c) Fazit	88

	4. Ehelichkeitsanfechtung in der SBZ/DDR	89
	5. Zwischenergebnis	93
IV.	Kündigungsschutz	95
	1. Rechtsgrundlagen	95
	2. Die Anwendung der Kündigungsschutzregelungen aus dem AOG in der amerikanischen und der britischen Zone.	97
	3. Mutterschaft und Kündigungsschutz	105
	4. Zwischenergebnis	108
V.	Fazit: Ein Kampf um die weltanschauliche Neuausrichtung im Nachkriegsdeutschland	110
	1. „Gegen das Gesetz entscheiden"	110
	2. Der Richter als orientierungsloser Gesetzgeber	113
	3. Kampf um die Deutungshoheit	116
	4. *Forward-looking transitional justice*	118
Abkürzungen		121
Zitierte und weiterführende Literatur		123

I. Einleitung

Die Alliierten hatten zunächst nach und nach sämtliche deutschen Gerichte geschlossen. Diese hatten in der Regel noch unmittelbar bis zum Einmarsch der alliierten Truppen im jeweiligen Gerichtsort gearbeitet; zurückzuführen ist dies auf einen Erlass vom 7. Februar 1945, in dem Reichsjustizminister Otto Thierack ausführte, bei Feindannäherung erwarte er von seinen Untergebenen, „dass in ihren Geschäftsbereichen in voller Ruhe solange weitergearbeitet wird, als das möglich ist"[1]. Justizpersonal, das vor dem anrückenden Feind unkontrolliert die Flucht ergreife, werde sich vor dem Volksgerichtshof zu verantworten haben. Als im Nachkriegsdeutschland der Jahre 1945/46 die ersten Gerichte wieder ihre Arbeit aufnahmen, wussten die Richter: An die Rechtsprechung der letzten zwölf Jahre würde man in vielen Bereichen nicht anknüpfen können, auch wenn das bisherige Recht in weiten Teilen fortgalt und der Alliierte Kontrollrat lediglich einige Gesetze aufgehoben hatte, die ganz offensichtlich NS-Gesetze waren, weil ihnen die Rassen- und Führerideologie gleichsam auf die Stirn geschrieben stand[2]. Eine Aufhebung aller Gesetze, die in den Jahren 1933 bis 1945 ergangen waren, wurde rasch als nicht praktikabel verworfen.

Der Großteil des deutschen Rechts, sei es das Bürgerliche Recht, das Strafrecht oder die zugehörigen Verfahrensordnungen, stammte allerdings ohnedies noch aus der Kaiserzeit und nicht aus dem Dritten Reich, das auf der Ebene der Gesetzgebung – anders als etwa das Italien Mussolinis mit dem bis heute gültigen *codice civile* – keinen einzigen großen Wurf unternommen hat. Dieser Umstand ermöglichte in vielen Bereichen ein Anknüpfen an Rechtsprechungslinien aus der Zeit vor 1933. Zwar hatte man nach 1933 verschiedene Normen im Wege „unbegrenzter Auslegung" mit neuem Inhalt versehen – ein Vorgang, den Bernd Rüthers in seinem Standardwerk zum NS-Recht ebenso präzise wie zutreffend geschildert und damit dem nach 1945 oftmals vorgebrachten Argument den Boden entzogen hat, man habe doch

---

[1] RMJ vom 7.2.1945 (Az. 9131 – I a^9 186), zit. nach Lahusen, Verwaltung von Normalität, S. 101.
[2] Vgl. dazu eingehend Etzel, Aufhebung.

DOI 10.1515/9783110402582-001

einfach nur seine Pflicht getan und das geltende Recht angewendet[3]. Diese Uminterpretation ließ sich – wenn man wollte – jedoch grundsätzlich wieder rückgängig machen, wenngleich sich so manches Produkt „unbegrenzter Auslegung" und antiliberalen Rechtsdenkens als erstaunlich beharrungsfähig erwies, man denke etwa nur an die Figur des „faktischen Vertrags", mit der das Bestehen eines Vertrags immer dann postuliert werden konnte, wenn man das für erforderlich hielt, auch wenn ein dahingehender Wille der Beteiligten gerade nicht bestand.

Ganz anders war die Ausgangslage jedoch im Hinblick auf fortgeltendes Recht aus den Jahren zwischen 1933 und 1945. Auch wenn das Projekt eines Volksgesetzbuchs[4] krachend gescheitert war, weil die NS-Machthaber nicht ernsthaft an den Produkten willfähriger Professoren aus der Akademie für Deutsches Recht interessiert waren: In weltanschaulich sensiblen Bereichen war das NS-Regime durchaus gesetzgeberisch tätig. Dies gilt vor allem für das mit der NS-Rassenideologie besonders eng verknüpfte Familienrecht. Insbesondere gliederte man zum einen 1938 das Eherecht aus dem Bürgerlichen Gesetzbuch (BGB) in ein gesondertes Ehegesetz aus[5]. Anlass war die „Wiedervereinigung" mit Österreich, das bis dato kein umfassend gültiges säkulares Eherecht besaß. Hier konnten die neuen Machthaber Reformpostulate erfüllen, indem sie beispielsweise auch katholischen Staatsbürgern wieder die Ehescheidung ermöglichten[6], die durch die Wiedereinführung des kanonischen Eherechts in Österreich 1934 abgeschafft worden war. Zugleich nahmen sie aber zahlreiche offen rasse- und bevölkerungspolitisch motivierte Regelungen in das neue „Ehegesetz für das Großdeutsche Reich" auf. Zum anderen erfolgten, ebenfalls 1938, Veränderungen im Abstammungsrecht[7]. Der Status

---

[3] Vgl. Rüthers, Auslegung.
[4] Materialien finden sich in: Akademie für Deutsches Recht 1933–1945. Protokolle der Ausschüsse, hrsg. von Werner Schubert, Werner Schmid und Jürgen Regge, Bd. III/1: Volksgesetzbuch, Berlin/New York 1988; zum Inhalt vgl. Hattenhauer, NS-Volksgesetzbuch.
[5] Vgl. RGBl. 1938 I, S. 807–822: „Gesetz zur Vereinheitlichung des Rechts der Eheschließung und der Ehescheidung im Lande Österreich und im übrigen Reichsgebiet".
[6] Vgl. Kocher, Grundzüge, S. 165.
[7] Vgl. RGBl. 1938 I, S. 380–384: „Gesetz über die Änderung und Ergänzung familienrechtlicher Vorschriften und über die Rechtsstellung der Staatenlosen".

eines Kindes als eheliches Kind seines Vaters konnte nunmehr unter Berufung auf die fehlende leibliche Abstammung wesentlich leichter beseitigt werden als bisher – und dies nicht nur durch den Ehemann und nur scheinbaren Vater selbst, sondern auch durch den Staat. Diese Regelungen galten nach 1945 ebenso unverändert fort wie die meisten Regelungen des Ehegesetzes, denn das von den Alliierten 1946 verkündete neue Ehegesetz war nichts weniger als das NS-Ehegesetz, aus dem einige ganz offensichtlich rassistische Normen getilgt worden waren[8]. Die betreffenden Bestimmungen enthielten zahlreiche normative Rechtsbegriffe, also Tatbestandsmerkmale, welche zu ihrer Anwendung einer richterlichen Wertung bedurften, etwa das „Wesen der Ehe", die „sittliche Rechtfertigung" oder das „öffentliche Interesse".

Ein weiteres Feld, auf dem zwischen 1933 und 1945 eine rege Gesetzgebungstätigkeit zu verzeichnen war, ist das Arbeitsrecht. Das am 1. Januar 1900 in Kraft getretene Bürgerliche Gesetzbuch enthielt keine Regelungen zum Arbeitsvertrag, was schon Zeitgenossen scharf kritisiert hatten. In den Weimarer Jahren war es nicht gelungen, dieses Manko zu beheben. Desgleichen kannte das deutsche Recht bislang keine eingehenden Regelungen zum kollektiven Arbeitsrecht. Diese Desiderate wurden in der NS-Zeit erfüllt. Einmal mehr konnte sich das Regime als gestaltungsmächtig präsentieren, indem es den immer wieder beklagten Reformstau der Weimarer Republik auflöste. Gleichzeitig ermöglichte diese Gesetzgebung die Übertragung nationalsozialistischer Vorstellungen ins Arbeitsleben und konnte das Verhältnis zwischen Betriebsführer (Arbeitgeber) und Gefolgschaft (Arbeitnehmer) in den Dienst der Volksgemeinschaft stellen; das Arbeitsrecht war also ein für die Etablierung einer neuen Gesellschaftsordnung zentrales Regelungsfeld. Hierzu diente zuvorderst das „Gesetz zur Ordnung der nationalen Arbeit"[9] (AOG) aus dem Jahr 1934, auf dessen Grundlage zahlreiche Tarifordnungen ergangen waren; diese waren nach der Beseitigung der Tarifautonomie und dem Verbot der Gewerkschaften an die Stelle der Tarifverträge getreten. Hinzu kamen die am 1. September 1939 in Kraft getretenen Verordnungen „über die Beschränkung

---

[8] Vgl. Kontrollratsgesetz Nr. 16 vom 20. 2. 1946, in: Sammlung der vom Alliierten Kontrollrat und der Amerikanischen Militärregierung erlassenen Proklamationen, Gesetze, Verordnungen, Befehle, Direktiven, zusammengestellt von Ruth Hemken, Bd. 1: Kontrollrat, Stuttgart o.J.
[9] Vgl. RGBl. 1934 I, S. 45–56.

des Arbeitsplatzwechsels"[10] und „zur Abänderung und Ergänzung von Vorschriften auf dem Gebiet des Arbeitsrechts"[11], die Regelungen für das Arbeitsrecht in Kriegszeiten enthielten, sowie das Mutterschutzgesetz aus dem Jahr 1942[12], das an Vorbilder aus der Weimarer Zeit anknüpfte, den Schutz jedoch verbesserte und zugleich nach völkischen Kriterien beschränkte.

Wie sollten die Richter nach dem 8. Mai 1945 mit solchen Normen umgehen? Sicher war nur: Das bisherige Verständnis durfte diesen nicht mehr zugrundegelegt werden. In offiziellen Stellungnahmen wurde dieser Bruch deutlich markiert. Das Geleitwort der „Deutschen Rechts-Zeitschrift" vom Januar 1946 umschreibt ihn beispielsweise folgendermaßen: „Wir müssen neu beginnen, ganz von vorn beginnen mit dem Aufbau der Rechtsgrundlagen, der Rechtsetzung, der Justiz, der Verwaltung. Es gibt nichts, das einfach fortgesetzt werden könnte."[13] Nach Auffassung der drei westlichen Alliierten sollte der Aufbau des Rechtsstaats in Deutschland nach 1945 zugleich auch Wiederaufbau des Rechtsstaats der Weimarer Reichsverfassung sein, so dass durchaus Kontinuitäten bestanden. Es war die Rechtsstaatsidee der Weimarer Reichsverfassung, die wiederum in der Rechtsstaatsidee der Paulskirche wurzelte, an die angeknüpft werden konnte. Das Gesetz grenze die Befugnisse der öffentlichen Gewalt vom Rechtsstatus des Bürgers ab, fixiere seine Rechte und Freiheiten gegenüber dem Staat und gewährleiste die Kontrolle der Gesetzmäßigkeit staatlichen Handelns – so formulierte die Staatsrechtslehre 1930/32 den zentralen Gedanken des Rechtsstaats[14]. Nichts anderes wollten viele deutsche Juristen nach 1945: „Eine feste Rechtsordnung, unabhängige Richter, Rechtseinheit. Dies ist Rechtsstaat." – so hieß es in der „Juristischen Rundschau" im Juli 1947 „Zum Geleit"[15]. Die unabhängigen, nur an Gesetz und Recht gebundenen Richter erscheinen damit als tragende Säulen des Rechtsstaats.

Nur hatten diese Säulen bei der Anwendung von Gesetzen aus der Zeit zwischen 1933 und 1945 zunächst kaum positive Anhaltspunkte,

[10] Vgl. RGBl. 1939 I, S. 1683–1684.
[11] Vgl. RGBl. 1939 I, S. 1685–1686.
[12] Vgl. RGBl. 1942 I, S. 324–328: „Ausführungsverordnung zum Gesetz zum Schutze der erwerbstätigen Mutter (Mutterschutzgesetz)".
[13] Geleitwort, in: DRZ 1 (1946), S. 1.
[14] Vgl. Gerhard Anschütz u.a. (Hrsg.), Handbuch des Deutschen Staatsrechts, Bd. 1, Tübingen 1930, § 16, S. 198, sowie Bd. 2 (Tübingen 1932), § 71, S. 131.
[15] Siegfried Loewenthal, Zum Geleit, in: JR 1 (1947), S. 1.

auf welcher Grundlage sie ihre Wertungen vorzunehmen hatten. Eine länderübergreifende deutsche Legislative, welche die erforderlichen Vorgaben hätte schaffen können, existierte bis 1949 nicht. Art. III Nr. 6 des Gesetzes Nr. 1 der amerikanischen Militärregierung gab den Gerichten insoweit Stein statt Brot, als Normen aus der NS-Zeit, die durch dieses Gesetz nicht außer Kraft gesetzt wurden, „shall be interpreted and applied in accordance with the plain meaning of the text and without regard to objectives or meanings ascribed in preambles or other pronouncements"[16]. Gesetz Nr. 1 übertrug damit die Rechtsanwendung nach der „plain meaning rule" oder „literal rule" nach Deutschland, wo sie von einem Mittel zur ebenso restriktiven wie gesetzestreuen Anwendung von *statutes* als Ausnahmen zum *common law* im angloamerikanischen Rechtskreis zu einem „Persilschein" für teilweise höchst fragwürdige fortgeltende Gesetze, nicht aber zu einer Grundlage zur Ausfüllung normativer Rechtsbegriffe wurde[17]. Eine derartige Grundlage ist bei der Anwendung normativer Rechtsbegriffe jedoch unverzichtbar. Begriffe wie das „Wesen der Ehe", die „sittliche Rechtfertigung", das „öffentliche Interesse", „Treu und Glauben" oder die „guten Sitten" sind immer nur vor dem Hintergrund eines bestimmten Vorverständnisses justitiabel, denn erst ein – wie auch immer geartetes – Vorverständnis kann diese Begriffe mit Inhalt füllen. Und der nationalsozialistische Gesetzgeber hatte in den Gesetzgebungsmaterialien und Vorsprüchen keinen Zweifel daran gelassen, dass diese Begriffe mit rassepolitischen beziehungsweise bevölkerungspolitischen Wertungen auszufüllen seien.

Die vorliegende Untersuchung beschäftigt sich mit dem Umgang der Gerichte mit dieser Situation, und zwar nicht allein der nach und nach wieder etablierten Obergerichte, sondern auch der Gerichte erster Instanz. Dies geschieht auf der Grundlage zahlreicher Gerichtsakten aus den Jahren 1945 bis 1949. Diese Akten dokumentieren, wie nach dem 8. Mai 1945 eine weltanschauliche Neuorientierung erfolgte – und dies nicht postulierend in im Allgemeinen verharrenden theoretischen

---

[16] Vgl. Gesetz Nr. 1 der Amerikanischen Militärregierung für Deutschland, in: Sammlung der vom Alliierten Kontrollrat und der Amerikanischen Militärregierung erlassenen Proklamationen, Gesetze, Verordnungen, Befehle, Direktiven, zusammengestellt von Ruth Hemken, Bd. 2: Amerikanische Militärregierung, Stuttgart o.J.
[17] Vgl. dazu Melin, Gesetzesauslegung, S. 53 ff., und Hager, Rechtsmethoden, S. 63 ff.

Schriften, sondern Tag für Tag anhand rechtspraktischer Einzelfälle, die schlicht zu entscheiden waren und damit Stück für Stück Neuorientierung brachten. Exemplarisch vorgeführt werden kann also der Prozess dieser Neuorientierung am Handeln von Einzelpersonen. Welche Maßstäbe legte der jeweilige Richter an, was hielt er für normal, für richtig (oder was glaubte er jedenfalls für normal oder richtig halten zu sollen), welches Vorverständnis legte er (bewusst oder unbewusst) zugrunde, was waren die weltanschaulichen Quellen, aus denen er schöpfen konnte? Wie konnten aus dem vorsichtigen Tasten einzelner Richter nach und nach bestimmte Rechtsprechungslinien entstehen, wie kanalisierten sich also die zunächst sehr disparaten Ausrichtungen der Beteiligten nach und nach? Im Arbeitsrecht standen die Richter überdies vor der Frage, ob und wie sie Lücken füllen sollten, die durch die zum 1. Januar 1947 erfolgte Aufhebung des Arbeitsordnungsgesetzes im Bereich des Kündigungsschutzes entstanden waren.

Dargestellt werden soll also der Vorgang des Konstituierens neuer Wert- und Normalitätsmaßstäbe im Bereich des Familien- und Arbeitsrechts auf der Grundlage der bestehenden Gesetze durch Gerichtspersonen, die hierfür zunächst keinerlei Orientierung erhielten. Hierbei handelt es sich um einen Vorgang, der in das Umfeld der *transitional justice* gehört, jedoch zugleich über das gängige Konzept hinausgeht. Die hier behandelte Form der Übergangsjustiz hatte ja nicht den Zweck, Verbrechen der gewaltsamen Vergangenheit eines Gemeinwesens nach einem Umbruch aufzuarbeiten und den Prozess des Übergangs dadurch zu unterstützen. Sie wirkte vielmehr in die Zukunft, etablierte neue Maßstäbe und definierte, wie Ehe, Familie oder Arbeit künftig organisiert sein sollten, wofür sie dienstbar gemacht werden sollten und wofür nicht. Dies geschah, indem die Richter diese Neudefinition Urteil für Urteil auf den Einzelfall anwendeten und damit in die Praxis umsetzten. Erzählerischer Rahmen sind vorrangig Verfahren oder Anweisungen, die sich aus der Rückschau als Leitentscheidungen bezeichnen lassen.

Damit ist zugleich gesagt, worum es nicht geht: Es wird nicht gezeigt werden, wie sich der Justizapparat nach 1945 wieder konstituiert hat. Genauso wenig sind einzelne Personen in den Diensten der Justiz, ihre Biographien und ihre möglichen Wertvorstellungen Gegenstand dieser Darstellung. Die einzelnen Personen treten vielmehr hinter ihr Amt zurück. Es geht also nicht um die Funktion der Justiz in einer *transitional period* – nicht um ihre Träger, sondern um ihre Produkte. Dass die Gerichtspersonen – jedenfalls in den Westzonen – bald größtenteils dieselben waren wie vor dem sogenannten Zusammenbruch – 1949 waren 81 Prozent der Richter und Staatsanwälte ehemalige Parteigenossen[18] –, tut dabei nichts zur Sache. Zu erörtern ist, wie sie unter den veränderten Bedingungen funktioniert haben, welche Urteile sie abgesetzt haben, welche Resultate ihre Arbeit an normativen Rechtsbegriffen beziehungsweise im Bereich der Lückenschließung und der damit erzeugten Streitentscheidung erbrachten, nicht hingegen, was sie vor oder nach 1945 gedacht haben mögen. Der Befund personeller Kontinuität allein ermöglicht keinerlei Aussagen zur Rolle der Bearbeiter von Gerichtsakten als Träger einer Übergangsjustiz. Zur Illustration: Theodor Maunz hat gemeinsam mit Günter Dürig den bis heute besten und einflussreichsten Kommentar zum Grundgesetz herausgegeben[19]. Damit hat er die Aktivierung dieser Verfassung erheblich befördert. Welche unappetitlichen Gedanken er nach 1945 gleichwohl gehegt haben mag[20], tut hierfür nichts zur Sache, sondern ist allenfalls geeignet, starkes Befremden auszulösen. Ebenso wenig geht es deshalb um die Verfahrensbeteiligten und ihre Biographien. Sie haben zwar die Gerichtsverfahren betrieben oder initiiert, die zur richterlichen Arbeit an Rechtsbegriffen führten. Aber auch sie interessieren nur insoweit, als ihre Biographie oder Lebenssituation für die Arbeit der Gerichte erheblich sein konnte, weil sie geeignet war, bestimmte Wertungen zu veranlassen oder zu stützen.

Die aufgeworfenen Fragen lassen sich nur auf Grundlage der Auswertung unzähliger nicht veröffentlichter Gerichtsentscheidungen auf dem Gebiet des Familien- und Arbeitsrechts beantworten. Die hier gegebenen Antworten ziehen die Summe nicht nur aus eigenen Forschungsarbeiten[21], sondern überdies aus den Erkenntnissen der Mitglieder einer von mir betreuten Regensburger Doktorandengruppe.

---

[18] Vgl. Waibel, Despotie, S. 279 Anm. 174.
[19] Vgl. Theodor Maunz/Günter Dürig (Hrsg.), Grundgesetz. Loseblattsammlung, München seit 1958.
[20] Vgl. Stolleis, Theodor Maunz, S. 393.
[21] Vgl. etwa Löhnig, Justiz; Löhnig, Ehelichkeitsanfechtung, S. 323; Löhnig, Scheidungsalltag, S. 501; Löhnig (Hrsg.), Zwischenzeit; Löhnig, Re-Education, S. 133; Löhnig, Breaking, S. 538.

Manuela Ascher[22], Franz Birndorfer[23], Julia Pruksch[24], Manuela Sonnenschein[25] und Alexandra Strohmaier[26] haben sich in ihren Arbeiten mit der Anwendung verschiedener zwischen 1933 und 1945 entstandener Normen aus dem Familien- beziehungsweise Arbeitsrecht befasst und dabei umfangreiche Bestände erstinstanzlicher Gerichtsakten aus der zweiten Hälfte der 1940er Jahre ausgewertet. Allein diese Arbeiten ermöglichten zweierlei: erstens die Einbeziehung auch arbeitsrechtlicher Normen unter Auswertung nahezu sämtlicher noch erhaltener geschlossener Aktenbestände zur Anwendung arbeitsrechtlicher Gesetze aus dem Nationalsozialismus durch erstinstanzliche Gerichte in der Nachkriegszeit (Ascher, Sonnenschein); zweitens die Verbreiterung der Datenbasis im Bereich der Anwendung eherechtlicher und kindschaftsrechtlicher Normen durch erstinstanzliche Gerichte in der Nachkriegszeit (Birndorfer, Pruksch, Strohmaier). Die vorliegende Darstellung bilanziert also die gemeinsame Forschungsarbeit zur deutschen Justiz in der Umbruchszeit nach 1945.

---

[22] Vgl. Ascher, Anwendung.
[23] Vgl. Birndorfer, Prozessalltag.
[24] Die Dissertation zur Ehelichkeitsanfechtung durch die Oberstaatsanwälte in Mosbach und Stuttgart wird 2017 erscheinen.
[25] Vgl. Sonnenschein, Entnazifizierung.
[26] Vgl. Strohmaier, Prozessalltag.

II. Ehescheidungsrecht

1. Rechtsgrundlagen

Das Bürgerliche Gesetzbuch von 1900 ließ eine Ehescheidung nur beim Vorliegen bestimmter Ehescheidungsgründe zu, insbesondere bei Ehebruch, Böslicher Verlassung, oder sonstiger schwerer Verletzung der ehelichen Pflichten (§§ 1564 ff. BGB 1900). Das deutsche Ehescheidungsrecht zeigte somit eine deutlich protestantische Prägung, indem es zum einen die Ehescheidung überhaupt zuließ, diese zum anderen jedoch an bestimmte Ehescheidungsgründe knüpfte und die Ehe damit nicht vollständig zur Disposition der Ehegatten stellte. Allerdings konnten anwaltlich gut beratene Ehegatten durch das bloße Vorspiegeln eines Scheidungsgrunds (und Errichtung flankierender außergerichtlicher Vereinbarungen über den Scheidungsunterhalt) auch eine Konsensualscheidung erreichen.

Das Ehegesetz von 1938 ermöglichte die Scheidung überdies auch dann[1], wenn „die häusliche Gemeinschaft der Ehegatten seit drei Jahren aufgehoben und infolge einer tiefgreifenden unheilbaren Zerrüttung des ehelichen Verhältnisses die Wiederherstellung einer dem Wesen der Ehe entsprechenden Lebensgemeinschaft nicht zu erwarten" war (§ 55 Abs. 1 EheG 1938). Jedoch konnte der beklagte Ehegatte der Scheidung widersprechen, wenn der Scheidungskläger die Zerrüttung ganz oder überwiegend verschuldet hatte (§ 55 Abs. 2 Satz 1 EheG 1938). Dieser Widerspruch war wiederum unbeachtlich, „wenn die Aufrechterhaltung der Ehe bei richtiger Würdigung des Wesens der Ehe und des gesamten Verhaltens beider Ehegatten sittlich nicht gerechtfertigt" war (§ 55 Abs. 2 Satz 2 EheG, 1938). Die Voraussetzungen für die Unbeachtlichkeit des Widerspruchs waren also – neben dem Verhalten der Ehegatten – vor allem einer Wertung nach übergeordneten Gesichtspunkten zu entnehmen, wie die normativen Rechtsbegriffe „Wesen der Ehe" und „sittliche Rechtfertigung" zeigen.

Dem Reichsgericht als höchstem deutschen Zivilgericht kam die Aufgabe zu, die Kriterien für die Vornahme dieser Wertung auszubuchstabieren. Grundlage der reichsgerichtlichen Rechtsprechung

[1] Vgl. RGBl. 1938 I, S. 807–822.

zu § 55 EheG (1938) war die von den Nationalsozialisten vertretene Auffassung über die bevölkerungspolitische Funktion der Ehe. Die individuelle vertragliche Bindung der beiden Ehegatten trat dabei ebenso in den Hintergrund wie institutionelle oder religiöse Aspekte – dies umso mehr, als das Reichsgericht in seiner Rechtsprechung den vom nationalsozialistischen Gesetzgeber gefundenen Kompromiss zwischen der Eröffnung der Zerrüttungsscheidung einerseits und der Widerspruchsmöglichkeit des anderen Ehegatten (in aller Regel der Ehefrau) andererseits, der sich in der Normstruktur von Regel, Ausnahme und Gegenausnahme zeigte, konterkarierte und den Widerspruch nach § 55 Abs. 2 EheG (1938) grundsätzlich für unbeachtlich hielt. Diese Linie setzte das Gericht konsequent gegenüber den häufig abweichend entscheidenden Untergerichten durch. Hatte der Gesetzgeber noch geschwankt, ob der Zerrüttungsgrundsatz überhaupt einzuführen sei und inwieweit Bevölkerungspolitik betrieben werden könne, ohne die Ehe insgesamt abzuwerten[2], wurde § 55 Abs. 2 EheG in seiner – von Hitler und anderen Führungspersonen offenbar gewünschten – Anwendung durch das Reichsgericht gleichsam radikalisiert und damit eindeutig zu einem Instrument der Bevölkerungspolitik im nationalsozialistischen Sinne. Kriterium war allein die Erzeugung „erbgesunden" Nachwuchses für die Volksgemeinschaft als Funktion der Ehe. Konnte eine Ehe dieser Funktion nicht oder nicht mehr gerecht werden, war sie aufzulösen, umso mehr dann, wenn die Ehegatten oder zumindest einer von ihnen (in aller Regel der Ehemann) diese Funktion in einer anderen, vielleicht schon vorhandenen neuen Beziehung erfüllen konnte oder bereits erfüllte. „Sittlichkeit" im Sinne des § 55 Abs. 2 EheG bedeutete also schlicht Fertilität. Beantragte aber ein Ehegatte die Scheidung, war es in aller Regel mit der Fertilität der Ehe nicht mehr allzuweit her, so dass der Widerspruch nicht beachtet wurde. Beachtlich war ein Widerspruch ausnahmsweise nur dann, wenn der Ehemann, der zumeist die Scheidung beantragte, aufgrund seines fortgeschrittenen Alters keine bevölkerungspolitisch erwünschte Beziehung mehr eingehen konnte oder die Ehe insoweit ihre Funktion erfüllt hatte, als sie eine größere Zahl von Kinder hervorgebracht und die Ehefrau ihre besten Jahre im „Dienst an Ehemann und Kindern geopfert" hatte.

Es mag vor diesem Hintergrund auf den ersten Blick überraschen, dass das Zerrüttungsmodell alles andere als ein Produkt nationalsozi-

---

[2] Vgl. hierzu und zum Folgenden Niksch, Rechtfertigung, S. 188 ff. und S. 255.

alistischer Rechtsentwicklung war[3]. Dies belegen Gesetzentwürfe aus der Weimarer Zeit[4] ebenso wie vergleichbare Reformen in der Schweiz und in Skandinavien, die unbestreitbar von liberalem Gedankengut gespeist waren[5]. Auch das heute geltende deutsche Ehescheidungsrecht beruht, wie die meisten europäischen Ehescheidungsrechte, allein auf dem Zerrüttungsmodell. Doch der liberale Zerrüttungsgedanke, der die Entscheidung über den Fortbestand der Ehe in die Hände beider oder auch nur eines Ehegatten legt, fügte sich auch bestens in das Eheverständnis der Nationalsozialisten ein, weil eine zerrüttete Ehe nicht mehr die bevölkerungspolitische Aufgabe der Nachwuchserzeugung erfüllen konnte und überdies die erneute Verheiratung fortpflanzungsfähiger Menschen verhinderte. Hier zeigt sich einmal mehr die „subtile Ambivalenz des Zivilrechts im Hitlerstaat"[6]: Die Erfüllung von liberalen Reformpostulaten aus der Weimarer Zeit (und in diesem Fall noch mehr auch des österreichischen Reformdiskurses) und der staatliche Zugriff auf die einzelne Ehe flossen ineinander. Der scheidungswillige Ehegatte exekutierte vor diesem Hintergrund in den Augen der Machthaber eben lediglich die vom NS-Regime erwünschte Auflösung seiner nicht (mehr) fertilen Ehe. Einen direkten Zugriff auf das Eheband haben die Nationalsozialisten niemals gewagt, nicht einmal im Falle bestehender „Mischehen", die einzugehen mit den Nürnberger Rassengesetzen von 1935 nicht mehr zulässig war.

Es ist also nicht entscheidend, ob der NS-Gesetzgeber oder das Reichsgericht im Ergebnis mehr oder weniger scheidungsfreudig waren, denn § 55 EheG knüpfte – auch in der Hand des Reichsgerichts – die Ehescheidung an strengere Voraussetzungen als §§ 1565 ff. BGB dies heute tun. Es geht vielmehr um die „Unterlage", also um die Frage, welche Begründung das Reichsgericht einer Entscheidung über die Scheidung oder Nichtscheidung einer Ehe zugrunde gelegt hat, und dabei wird deutlich, dass sich das Gericht streng an ideologischen Inhalten orientierte[7]. Es ermittelte von Amts wegen alle Umstände, die für die Bewertung der Ehe als bevölkerungspolitisch wertvoll oder wertlos erforderlich waren. Die heute interessierende Frage, ob sich

---

[3] Vgl. dazu Selbert, Ehezerrüttung als Scheidungsgrund.
[4] Vgl. Schubert, Projekte, S. 14.
[5] Vgl. Rüthers, Auslegung, S. 407.
[6] Zarusky, Recht, S. 420.
[7] Vgl. Niksch, Rechtfertigung, S. 107 f.

die Ehegatten unumkehrbar auseinandergelebt haben, spielte hingegen keine Rolle.

Ein thüringisches Gesetz vom 18. Oktober 1945 untersagte, vermutlich mit Blick auf die geschilderte ideologisierte Praxis, die Anwendung des § 55 EheG 1938[8]. Die Präsidenten der Oberlandesgerichte (OLG) in der britischen Besatzungszone plädierten hingegen in einer Stellungnahme gegenüber der Militärregierung für eine Fortgeltung. Es sei keine große Scheidungsfreudigkeit zu befürchten, denn nach Kriegsende werde die religiöse Besinnung an Einfluss gewinnen und zu rückläufigen Scheidungszahlen führen[9]. 1946 entschied der Alliierte Kontrollrat diese Frage und erließ ein Ehegesetz für alle vier Besatzungszonen[10], das dem Ehegesetz von 1938 in weiten Teilen glich. § 55 EheG (1938) wurde zu § 48 EheG (1946), dessen Wortlaut unverändert blieb und lediglich um einen § 48 Abs. 3 EheG 1946 ergänzt wurde, der bei der Zerrüttungsscheidung besondere Rücksicht auf die Belange der gemeinsamen minderjährigen Kinder forderte. Diese Regelung blieb in der DDR bis zum Erlass der Eheverordnung aus dem Jahr 1955, in der Bundesrepublik bis zum Inkrafttreten des Familienrechtsänderungsgesetzes zum 1. Januar 1962 unverändert bestehen.

2. Die Judikatur von Gerichten der westlichen Besatzungszonen

a) *Eine glatte Sache*

Wie sind nun Landgerichte in der amerikanischen Besatzungszone mit Scheidungsklagen umgegangen, die sich auf § 55 EheG (alte Fassung) beziehungsweise § 48 EheG (neue Fassung) stützten? Dies soll anhand einer Scheidungsklage geschildert werden, mit der sich verschiedene Gerichte sehr eingehend zu befassen hatten. Diese beim Landgericht Nürnberg-Fürth[11] eingereichte Scheidungsklage nämlich führte zur Leitentscheidung des Bayerischen Obersten Landesgerichts zu § 48 EheG.

---

[8] Regierungsblatt für das Land Thüringen 1945 I, S. 45: „Gesetz zur Änderung des Ehegesetzes vom 6. Juli 1938 (RGBl. I S. 807)" und S. 55 f.: „Änderungsverordnung zum Gesetz zur Änderung des Ehegesetzes".

[9] Zit. nach Ernst Hermsen, Bekanntmachung des Oberlandesgerichtspräsidenten: Gesetzgebung, Gesetzesauslegung, Rechtsprechung, in: Justizblätter Westphalen-Lippe vom 7.9.1945, S. 1.

[10] Vgl. Kontrollratsgesetz Nr. 16 vom 20.2.1946.

[11] Zur Rechtsprechungstätigkeit des Gerichts in Zerrüttungsscheidungssachen vgl. Löhnig, Justiz, S. 115 ff.

Im Verfahren 3 R 1129/46 schied das Landgericht Nürnberg-Fürth auf Klage des Ehemanns eine 1922 geschlossene Ehe, aus der zwei Kinder hervorgegangen waren, eines davon noch minderjährig. Die Parteien lebten seit 1941 getrennt. Eigentlich eine glatte Sache; womöglich plante der Kläger schon die Hochzeit mit seiner deutlich jüngeren Freundin, von der wir, genauso wie von dem gemeinsamen Kind der beiden, aus dem Vortrag der beklagten Ehefrau erfahren. Doch der Kläger sollte sich täuschen.

Die Beklagte widersprach nämlich der Scheidung; sie trage keinerlei Verschulden an der Zerrüttung der Ehe. Der Kläger wolle sich nur scheiden lassen, um seine Freundin heiraten zu können, während sie, die Beklagte, und das gemeinsame minderjährige Kind unversorgt zurückblieben. Außerdem führte die Beklagte an, durch die Ehe habe ihre Gesundheit dauerhafte Schäden erlitten. Diese Argumente verdienen genauere Betrachtung. Der Rechtsanwalt der Beklagten zeigte sich in seinem Schriftsatz nämlich als versierter Interessenvertreter, der auf verschiedenen Ebenen argumentierte – je nachdem, auf welchen Richter man traf, konnten nämlich eher die einen oder die anderen Argumente verfangen.

Die eine Argumentationslinie des Rechtsanwalts fußte auf der alten reichsgerichtlichen Rechtsprechung: Selbst dieses sehr scheidungsfreudige Gericht hatte den Widerspruch beachtet, wenn die Ehefrau einige Kinder zur Welt gebracht und ihre besten Jahre für die Familie geopfert hatte. Zwei Kinder hätten hierfür allerdings nicht ausgereicht, und der Umstand, dass der klagende Ehemann mit seiner neuen Freundin bereits ein Kind gezeugt hatte, wäre ebenfalls zu Lasten der beklagten Ehefrau gegangen. Jedoch lässt sich in zahlreichen Nachkriegsjudikaten eine Fortsetzung der reichsgerichtlichen Rechtsprechung unter Verschiebung der Akzente zugunsten der Ehefrau beobachten – womöglich würden ja zwei Kinder ausreichen, zumal der Scheidungsrichter dem Zeugen außerehelicher Kinder keinen Stellenwert mehr zumessen durfte. Bevölkerungspolitische Aspekte dieser Art hatten schließlich außer Betracht zu bleiben.

Das Landgericht hatte beispielsweise im Verfahren 2 R 772/46 die Scheidungsklage des 56-jährigen Klägers gegen seine 58-jährige Ehefrau abgewiesen, weil der Widerspruch berechtigt sei. Der Kläger lebe zwar bereits seit 1928 mit einer anderen Frau und einem gemeinsamen Kind zusammen, die Ehefrau habe sich jedoch vollauf bewährt, treu und tapfer zu ihrem Mann gestanden, nicht alltägliche Geduld und Nachsicht gezeigt und die Kraft ihres Lebens für die Familie – drei inzwischen volljährige Kinder – verbraucht. Die Beklagte könne sich, anders als der Kläger, weder durch eine neue Ehe noch sonst irgendwie eine selbstständige Lebensstellung schaffen, denn sie habe ihre Gesundheit geopfert. Ein Fall, in dem das Reichsgericht den Widerspruch vermutlich nicht beachtet hätte, weil der Kläger eine neue Beziehung angeknüpft hatte, aus der ein Kind hervorgegangen war, und die Trennungsdauer die Ehedauer überwog. Genauso hatte das Gericht bereits im Verfahren 1 R 98/46 entschieden. Die Ehe der Parteien war 1934 geschlossen worden, 1943 hatte sich das Paar getrennt; bei Klageeinreichung war der Kläger 35 Jahre alt, die Beklagte 33. Der Kläger hatte inzwischen ein uneheliches Kind mit einer anderen Frau, die er heiraten wollte. Das Gericht hielt den Widerspruch gegen die Scheidung der Ehe, aus der ein Kind hervorgegangen war, für beachtlich, weil der Ehemann die Ehe gebrochen habe. Dass das uneheliche Kind anschließend durch eine Ehe legitimiert werden könnte, lasse die Scheidung nicht als sittlich gerechtfertigt erscheinen. Das Interesse der Beklagten, nicht als geschiedene Frau dazustehen, und das Kindesinteresse am Fortbestand der Ehe wiege höher. Unterhaltsansprüche von Ehefrau und Kind würden bei erneuter Eheschließung gefährdet, deshalb sei „heute die Aufrechterhaltung der Ehe umso mehr geboten".

Die andere Argumentationslinie des Rechtsanwalts der Beklagten knüpfte an neue Aspekte aus der Nachkriegsjudikatur an: die getreuliche Erfüllung aller Ehepflichten durch die beklagte Ehefrau, die keine Schuld an der Scheidung trage, sowie Versorgungsaspekte. Es könne nicht angehen, dass der Ehemann Frau und Kind einfach unversorgt zurücklasse. Diese Argumente scheinen bereits in dem erwähnten Urteil 1 R 98/46 auf und lassen sich in zahlreichen weiteren Entscheidungen finden.

Bereits im ersten nach 1945 durchgeführten Scheidungsverfahren (3 R 4/46) standen Unterhaltsfragen im Mittelpunkt der Begründung. Die Eheleute hatten 1921 geheiratet und sich 1925 wieder getrennt. Aus der Ehe waren zwei inzwischen volljährige Kinder hervorgegangen. Das Landgericht Nürnberg-Fürth wies trotz der 20-jährigen Trennungszeit die Scheidungsklage ab. Der Kläger habe die Familie verlassen, als die Frau mit dem zweiten Kind schwanger war, „nur um seinem Hang nach anderen Weibern frönen zu können". Er habe nur unter Zwang Unterhalt gezahlt, und die Unterhaltssituation werde sich bei einer erneuten Eheschließung des Klägers noch schwieriger gestalten; die fast 60-jährige Beklagte geriete dadurch in noch größere Not.

Tragende Begründungselemente waren also die wirtschaftliche Lage der Ehefrau und die moralische Verurteilung des Klägerverhaltens bei gleichzeitig tadelfreiem Verhalten der Beklagten. Dies waren völlig andere Kriterien als vor 1945, wo vor allem das bevölkerungspolitisch wichtige Alter der Parteien und die Anzahl der aus der Ehe hervorgegangenen Kinder eine Rolle gespielt hätten. Im Verfahren 2 R 1347/46 hatten die Parteien 1923 geheiratet, 1926 und 1928 waren Kinder zur Welt gekommen. Der Widerspruch der beklagten Ehefrau wurde beachtet, weil diese im vorgerückten Alter stehe und zwei Kinder zur Welt gebracht habe. Außerdem sei sie auf Unterhalt angewiesen. Der Kläger könne nicht seine Frau abschütteln, nachdem er zu Reichtum gekommen sei und eine andere wollen, mit der er „sozusagen mehr Staat machen" könne. Ähnlich argumentierte zu dieser Zeit das Landgericht Amberg[12], das ausführte, es sei „grobes Unrecht des Klägers, das eheliche Band zu der Beklagten ohne ihre Schuld zu lösen, weil er sich nicht mehr zu ihrer Art verstehen will"[13]. Dieses Kriterium bedeutete die faktische Abschaffung der Zerrüttungsscheidung, die gerade ohne Verschulden eine Ehescheidung ermöglichen sollte[14]. Verschuldenselemente mengte das Landgericht Amberg auch in weiteren frühen Entscheidungen in § 48 EheG:

„Der Widerspruch ist beachtlich. Denn der Kläger hat die Zerrüttung der Ehe durch seinen von ihm glaubwürdig zugestandenen Ehebruch [...] selbst verschuldet und die häusliche Trennung ohne zulangenden Grund herbeigeführt."[15]

Oder in einer anderen Sache:

„Es geht nicht an, dem Scheidungsbegehren des Klägers, der an der Zerrüttung der Ehe zumindest überwiegend schuld ist, stattzugeben, während die Beklagte bereit ist, ihm zu verzeihen und die eheliche Gemeinschaft wieder aufzunehmen."[16]

Im Verfahren 2 R 1242/46 wurde der Versorgungsgedanke vom Landgericht Nürnberg-Fürth geradezu auf die Spitze getrieben: Die Par-

---

[12] Zur Rechtsprechungstätigkeit des Gerichts in Zerrüttungsscheidungssachen vgl. Birndorfer, Prozessalltag.
[13] LG Amberg R 193/46.
[14] Hierzu und zum Folgenden vgl. Birndorfer, Prozessalltag, S. 280 ff.
[15] LG Amberg, R 105/46.
[16] LG Amberg, R 202/46.

teien hatten 1941 geheiratet und sich 1943 bereits wieder getrennt. Vermutlich handelte es sich um eine klassische Kriegsehe, während der das Paar kaum Zeit miteinander verbracht haben dürfte. Der Kläger unterhielt inzwischen eine Beziehung zu einer anderen Frau, die Beklagte widersprach der Scheidung. Das Landgericht hielt diesen Widerspruch für beachtlich, nicht nur weil damit eine neue Ehe verhindert werden solle, sondern auch weil der Beklagtenunterhalt gefährdet sei. Es gehe nicht an, dass der Kläger seine bisherige Frau auf die Straße setzen könne, weil ihm eine andere, jüngere Frau besser gefalle. Die Aufrechterhaltung der Ehe sei deshalb sittlich gerechtfertigt.

Die Argumentation des Gerichts zugunsten der Beachtlichkeit des Widerspruchs erstaunt, denn vieles hätte gegen die Beachtung gesprochen: kurze Ehedauer unter Kriegsbedingungen, keine Kinder, junge Parteien – wesentlich jünger als die Ehefrau war die Freundin des Ehemanns überdies auch nicht. Die Beklagte war zudem auch nicht erkrankt oder aus anderen Gründen unterstützungsbedürftig, sondern konnte selbst für ihren Lebensunterhalt sorgen. Eine Beachtung des Widerspruchs in einem solchen Fall bedeutete letztlich die Abschaffung des Zerrüttungsmodells und drohte bereits eine sehr kurze Ehe zweier junger, gesunder und kinderloser Partner zur Versorgungsanstalt für die Ehefrau zu machen.

Ähnlich verlief das Verfahren 1 R 2251/46. Hier hatten die Parteien 1940 geheiratet; das Paar hatte zwei gemeinsame Kinder. Die Eheleute waren bei Klageeinreichung 29 Jahre alt. Das Gericht wies auf den Widerspruch der beklagten Ehefrau hin die Ehescheidung ab. Der Ehefrau könne man nichts nachsagen. Sie habe immer ihre Pflicht getan. Ihr Unterhalt und der ihrer Kinder seien bei einer Scheidung gefährdet. Im Vergleich zum Verfahren 2 R 1242/46 hatten die Eheleute in 1 R 2251/46 immerhin gemeinsame Kinder, die eine abweichende Beurteilung rechtfertigen konnten, aber dieser Umstand wäre allenfalls im vom Gericht nicht erwähnten § 48 Abs. 3 EheG zu verorten. Auffällig ist jedoch, dass das Gericht ein Tatbestandsmerkmal einführte, das in § 48 Abs. 1 EheG überhaupt nicht enthalten ist, nämlich die Frage, ob sich die Beklagte „etwas nachsagen" lassen müsse. Damit wurde die Zerrüttungsscheidung mit Verschuldenselementen aufgeladen, was auf eine grundsätzliche Ablehnung der Zerrüttungsscheidung schließen lässt. In Urteilen wie diesem scheint ein protestantisch-christlicher Wertehorizont als Argumentationsbasis auf, der eine grundlose Ehescheidung nicht zuließ.

Auch wenn im Beklagtenvortrag aus der zweiten Jahreshälfte 1946 alte und neue Argumente geschickt kombiniert waren, hielt das Landgericht den Widerspruch der beklagten Ehefrau für unbeachtlich. Ein Gutachter war zu dem Ergebnis gekommen, dass die Erkrankung der Beklagten nicht mit der Geburt ihres jüngeren Sohnes zusammenhänge oder in anderer Weise in der Ehe wurzle. Das Gericht verneinte also in seinem Urteil vom 26. April 1948 die Ehebedingtheit der Erkrankung und hielt sie deshalb für unbeachtlich. Der Kläger sei überdies stets seinen Unterhaltsverpflichtungen nachgekommen und werde dies deshalb auch künftig tun. Um die Unbeachtlichkeit des Widerspruchs zu begründen, benötigte das Gericht nicht einmal eine Seite des insgesamt vierseitigen Urteils.

b) *Abwägung aller Umstände*

Die Beklagte legte am 13. September 1948 Revision beim Bayerischen Obersten Landesgericht ein, die sie unter anderem auf die Behauptung einer unzutreffenden Anwendung § 48 EheG stützte. Es sei anerkannte Rechtsprechung, dass der Widerspruch grundsätzlich beachtlich sei und die Scheidung nur erfolgen dürfe, wenn im Einzelfall besondere Umstände die Aufrechterhaltung der Ehe als sittlich nicht gerechtfertigt erscheinen ließen. Seit Klageeinreichung waren zwei Jahre ins Land gegangen, und inzwischen hatten sich in der Rechtsprechung zu § 48 EheG verschiedene Linien herausgebildet. Die Revisionsklägerin spielte dabei auf die für sie günstige, vom Oberlandesgericht Hamburg in der britischen Besatzungszone begründete Linie der Nachkriegsrechtsprechung an[17].

Das Oberlandesgericht Hamburg hatte im Februar 1946 das erste in der bereits wieder etablierten Fachpresse veröffentlichte Urteil zum Widerspruchsrecht des beklagten Ehegatten erlassen[18]. Das Gericht vertrat die grundsätzliche Beachtlichkeit des Widerspruchs und wählte damit einen der reichsgerichtlichen Rechtsprechung genau entgegengesetzten Standpunkt. Dem schlossen sich Oberlandesgerichte in Stuttgart, Celle und Frankfurt am Main an[19]. Die Rechtsprechung des

---

[17] Legt der Beklagte Revision ein, werden die Rollen getauscht: Er wird Revisionskläger, während der ursprüngliche Kläger zum Revisionsbeklagten wird.
[18] Vgl. OLG Hamburg, Urteil vom 15.1.1946, in: SJZ 1 (1946), S. 93f.
[19] Vgl. OLG Stuttgart, Urteil vom 29.5.1946, in: SJZ 1 (1946), S. 93; OLG Celle, 1. Zivilsenat, Urteil vom 11.9.1946, in: DRZ 1 (1946), S. 191; OLG Frankfurt a.M., Urteil vom 9.9.1946, in: SJZ 1 (1946), S. 225f.

Reichsgerichts, wonach der Widerspruch in der Regel unbeachtlich war, sei, so das Oberlandesgericht Stuttgart[20], bevölkerungspolitisch motiviert und dürfe deswegen nicht mehr angewendet werden. Das Oberlandesgericht Frankfurt knüpfte an den Willen des alliierten Gesetzgebers von 1946 an[21], wobei sich allerdings keine schriftlich niedergelegten Aussagen dieses Gesetzgebers finden lassen. Der Stuttgarter Oberlandesgerichtspräsident Hermann Steidle sprach bereits 1946 von einer „gefestigten Rechtsprechung der Nachkriegszeit"[22]. Ein Jahr später hatten Oberlandesgerichte aus allen vier Besatzungszonen diese Rechtsprechung übernommen[23].

Die Entscheidung des Oberlandesgerichts Hamburg beruhte auf einer mehrgliedrigen Argumentation und führte letztlich zu einer Abschaffung der einseitigen Zerrüttungsscheidung zugunsten einer (aufgrund geläufiger anwaltlicher Tricks letztlich überflüssigen) Konventionalscheidung nach dreijährigem Getrenntleben. Das Gericht führte zunächst aus, die „rein logische" Prüfung des § 48 EheG (1946) nach seinem systematischen Aufbau führe zu dem Ergebnis, dass der Widerspruch grundsätzlich zu beachten sei. Dahinter stehe der Rechtsgedanke, dass der Schuldige nicht über den Unschuldigen triumphieren dürfe. Selbst in der amtlichen Begründung aus dem Jahr 1938 sei zum Ausdruck gekommen, dass der untreue Ehegatte nicht die Möglichkeit haben solle, den Ehepartner verstoßen zu können. Anschließend widersprach das Gericht der Ansicht, zerrüttete Ehen seien „zum Zerrbild geworden" und ihre Lösung deswegen geboten. Vielmehr lege auch die inhaltslos gewordene Ehe Zeugnis von der Stärke der im Ehegelübde liegenden Bindung ab und könne in diesem Sinne noch einen sittlichen Wert darstellen. Zwar habe das Reichsgericht stets behauptet, selbst in Fällen des zulässigen Widerspruchs sprächen sittliche Gründe auch für die Lösung der Ehe. Diese Behaup-

---

[20] Vgl. OLG Stuttgart, Urteil vom 29.5.1946, in: SJZ 1 (1946), S.93.
[21] Vgl. OLG Frankfurt a.M., Urteil vom 9.9.1946, in: SJZ 1 (1946), S.225f.
[22] Hermann Steidle, Anmerkung, in: SJZ 1 (1946), S.226. Die Anmerkung bezieht sich auf OLG Frankfurt a.M., Urteil vom 9.9.1946.
[23] Vgl. etwa OLG Braunschweig, 1. Zivilsenat, Urteil vom 10.11.1946, 1 U Z 8/46, in: MDR 1 (1947), S.152; OLG München, Beschluss vom 26.11.1946, in: SJZ 2 (1947), Sp. 89; OLG Kiel vom 21.1.1947, in: Amtsblatt für Schleswig-Holstein 1947, S.96; OLG Tübingen, Urteil vom 13.3.1947, U 45/46, in: DRZ 2 (1947), S.194; Regierungsblatt für das Land Thüringen 1947 II, S.187ff. hier S.187f.: „Grundsatz-Rechtsprechung des Oberlandesgerichts Gera".

tung beruhe jedoch auf bevölkerungspolitischen Gesichtspunkten, die nicht herangezogen werden dürften, weil sie dem sittlichen Wesen der Ehe fremd seien und allein auf Zweckmäßigkeitserwägungen beruhten.

Als entscheidende Kriterien der in § 48 Abs. 2 Satz 2 EheG (1946) vorzunehmenden Wertung sah das Oberlandesgericht Hamburg die Unantastbarkeit der Familie, die Unverbrüchlichkeit des ehelichen Treuegelübdes und den Schutz des ehetreuen Gatten an, Kriterien also, die nicht allein aus dem konkreten Fall gewonnen werden konnten. Gleichrangige sittliche Wertungen gegen die Aufrechterhaltung der Ehe bestünden in der Regel nicht; höchstens in Ausnahmefällen dürfe deshalb gegen den Willen des beklagten Ehegatten geschieden werden, wenn die Aufrechterhaltung der Ehe Opfer von übermäßiger Schwere auferlegen würde, denen gegenüber die obigen Erwägungen allgemeiner Art und die Belange des Scheidungsgegners zurücktreten müssten. Auf dieser Grundlage wird die Beachtlichkeit des Widerspruchs zur Regel, und die Ehe kann trotz dreijähriger Trennung nicht gegen den Beklagtenwillen geschieden werden. Die grundsätzliche Beachtung des Widerspruchs läuft, wie Bruns zeigte[24], auf dieser Argumentationsgrundlage auf eine zwingende Beachtung des Widerspruchs hinaus, weil dem Beklagten stets das heteronome Erfordernis der Eheerhaltung zugute kommt.

Das Oberlandesgericht Hamburg fand zu dieser Regel nicht durch Erwägungen, die sich aus der konkreten Ehe und dem Verhalten der Ehegatten ergaben, sondern ersetzte die bevölkerungspolitischen Argumente des Reichsgerichts durch andere „Erwägungen allgemeiner Art", die in die gegenteilige Richtung zielten. Nach der Instrumentalisierung der Ehe vor 1945 sollte sie nun offenbar gleichsam „heilig" gehalten werden. Dies bedeutete ebenfalls eine Instrumentalisierung, diesmal für den „moralischen Wiederaufbau". Dadurch wurde § 48 EheG freilich nicht nur entnazifiziert, sondern die Zerrüttungsscheidung insgesamt abgeschafft; Ehegatten, die sich über die Ehescheidung einig waren, konnten ohnedies schon immer und auch vor Ablauf einer Trennungszeit eine verdeckte Konventionalscheidung auf Grundlage fiktiver Eheverfehlungen und flankiert durch außergerichtliche Vereinbarungen zu Vermögensauseinandersetzung und Unterhalt erreichen. Die Fortgeltung der Zerrüttungsscheidung war auch

---

[24] Vgl. Rudolf Bruns, Zur Auslegung des § 48 des Ehegesetzes 1946, in: SJZ 2 (1947), Sp. 651–657, hier Sp. 651 ff.; zum Folgenden vgl. ebenda, Sp. 651.

in der Literatur auf recht geteilte Zustimmung gestoßen. Die Kindesschutzklausel, die zu einer Beschränkung der Reichweite des § 48 Abs. 1 EheG (1946) führen konnte, wurde etwa als „Gesundung des Scheidungsrechts" begrüßt[25]. Lediglich Günther Beitzke äußerte dezidiert die Auffassung, dass an der regelmäßigen Unbeachtlichkeit des Widerspruchs festgehalten werden sollte als „Grundposition [...] der Eherechtsreform", auch wenn „wir heute bei der Bewertung einzelner vom Reichsgericht entschiedener Fälle anderer Ansicht als das Reichsgericht sind"[26]. Die Zerrüttungsscheidung war also nicht nur durch den nationalsozialistischen Gesetzgeber, sondern auch durch das Oberlandesgericht Hamburg aus ihrem liberalen Diskurszusammenhang herausgelöst worden.

Das angefochtene Urteil lasse, so die als Revisionsklägerin auftretende Ehefrau, nicht erkennen, dass der Erstrichter sich über diese neue Rechtsprechung im Klaren gewesen sei. Ausführungen zu den nach der „anerkannten Rechtsprechung" erforderlichen besonderen Gründen für die Nichtbeachtung des Widerspruchs fehlten im Urteil nämlich völlig. Im Gegenteil: Die Parteien seien seit 26 Jahren verheiratet, die Beklagte habe dem Kläger die besten Jahre ihres Lebens geschenkt und zwei Kinder geboren – die alten Argumente kehren also wieder. Eine derartige Ehe dürfe nicht geschieden werden, nur damit der Mann seine ältere Frau zugunsten einer jüngeren Geliebten verlassen könne. Auch das „Verstoßen der gealterten Ehefrau" ist übrigens ein Topos aus der Nachkriegsrechtsprechung – kein Wunder, hatte sich doch der „Beziehungsmarkt" durch den Krieg komplett verändert. Die verbliebenen Männer wurden von den zahlreicheren jungen und heiratswilligen Frauen umworben, so dass auch manch älterer Herr plötzlich ganz neue „Marktchancen" für sich sah und seine bisherige Ehefrau loswerden wollte.

Dem Unterhalt komme, so die Revisionsklägerin, nur sekundäre Bedeutung zu, denn das Wesen der Ehe erschöpfe sich nicht in materiellen Dingen. Hier hat sich der Akzent der Argumente der Ehefrau also deutlich verschoben. Gleichwohl trug sie einige Aspekte vor, nach denen eine weitere Unterhaltsleistung durch den Kläger möglicherweise fraglich sein könnte – man weiß ja nie. Allerdings wird ihr

---

[25] Gerhard Nehlert, Das Ehegesetz des Kontrollrats für Deutschland, in: JR 1 (1947), S. 69–75, hier S. 70.
[26] Günther Beitzke, Zu § 48 des Ehegesetzes, in: DRZ 2 (1947), S. 199f.

Anwalt befürchtet haben, die zu starke Betonung materieller Aspekte könne sich möglicherweise negativ auswirken, weil institutionellen Gesichtspunkten inzwischen erhebliche Bedeutung zukam.

Im Verfahren 1 R 1069/46 hatten sich die seit 1928 verheirateten Parteien 1944 getrennt; aus der Ehe waren drei Kinder hervorgegangen. Die Beklagte trug vor, sie hänge aus persönlichen wie religiösen Gründen an der Ehe und widerspreche deshalb einer Scheidung. Das Gericht wies am 21. Juli 1949 die Klage ab. Nur besondere Umstände könnten die sittliche Rechtfertigung der Erhaltung der Ehe in Frage stellen. Die Frau habe bei der Geburt eines Kindes schweren Schaden genommen und damit Opfer ihrer Gesundheit gebracht, die das Normalmaß deutlich überstiegen. Bereits das alleine reiche, um die Ehe aufrechtzuerhalten. Hinzu komme, dass die Frau erwerbsunfähig sei und bei einer neuen Ehe des Klägers möglicherweise keinen Unterhalt mehr erhalten könne. Die Berufung auf religiöse Gründe lieferte einen weiteren beachtlichen Grund gegen die Scheidung. Die Erhaltung der Ehe wurde in dieser Entscheidung gleichsam zum sittlichen Gebot erklärt, von dem nur bei Vorliegen außerordentlicher Gründe abgewichen werden könne. Alter, Krankheit und drei gemeinsame Kinder hätten als solche bereits die Beachtlichkeit des Widerspruchs begründen können. Trotzdem billigte das Gericht ausdrücklich die religiösen Motive der Beklagten, was man im Bereich der Zivilehe (und Zivilscheidung) nicht unbedingt erwarten würde. Daran wird deutlich, dass sich das sittliche Gebot der Aufrechterhaltung auch einer zerrütteten Ehe in dieser Entscheidung ebenfalls aus einem Rückgriff auf christliche Wertbegriffe speisen dürfte; die Ehe erscheint also nicht als Privatangelegenheit der Eheleute, sondern als eine durch heteronome Kriterien dominierte, stets erhaltenswerte Institution, über deren Fortbestand die Ehegatten nicht frei disponieren können.

Der Revisionsbeklagte wies demgegenüber darauf hin, dass die in der Revisionsbegründung vertretene Auffassung der Beachtlichkeit des Widerspruchs ebenso verfehlt sei wie die Rechtsprechung des Reichsgerichts, die von einer Nichtbeachtlichkeit des Widerspruchs ausgegangen sei. Während die Argumente der scheidungsunwilligen Ehefrau 1946 also noch nicht allzuviel wert zu sein schienen, sah sich der scheidungswillige Ehemann nun in der Defensive. Allerdings konnte nicht nur die Revisionsklägerin ihre Auffassung auf die Rechtsprechung des höchsten Gerichts einer anderen westlichen Besatzungszone stützen, sondern auch der Revisionsbeklagte. Er trug vor, Sinn und Zweck der Bestimmung des § 48 EheG könne nur eine Mittellösung sein, die gleichermaßen das Scheidungsrecht wie das Widerspruchsrecht beachte; man müsse unter Anwendung sittlicher Bewertungsmaßstäbe im Einzelfall prüfen, ob die Ehe geschieden werde oder nicht. Der Aufbau der Norm gehe von der Regel des Absatzes 1 zur Ausnahme des Absatzes 2 Satz 1 und wiederum zur Gegenausnahme des Absatzes 2 Satz 2. Es müssten also alle Umstände abgewogen werden. Der Kläger argumentierte damit vor dem Hintergrund der vom Oberlandesgericht Freiburg begründeten Rechtsprechungslinie aus der französischen Besatzungszone.

Das Referenzurteil des Oberlandesgerichts Freiburg wurde am 13. März 1947 verkündet[27]. Die Parteien des Freiburger Verfahrens, beide Jahrgang 1914, hatten 1936 die Ehe geschlossen, aus der 1939 ein Sohn hervorging. Der Kläger, der bereits seit 1943 eine Beziehung zu einer Frau unterhielt, die er nach der Ehescheidung heiraten wollte, hatte im Oktober 1944 Scheidungsklage erhoben, die das Landgericht Offenburg nach Wiederaufnahme seiner Tätigkeit unter dem Aktenzeichen R 162/46 mit Urteil vom 17. September 1946 abwies. Das Landgericht Offenburg beachtete den Widerspruch der Beklagten, die zur ehelichen Gemeinschaft zurückkehren wolle, die der Ehemann durch seine ehewidrigen Beziehungen zerstört habe. Auch im Interesse des minderjährigen Kindes der Parteien, dem „das bedrückende Erlebnis einer Scheidung seiner Eltern mit all ihren menschlich unerfreulichen Auswirkungen erspart bleiben soll und muß", müsse die Ehe aufrechterhalten werden. Der Beklagten sei überdies keinerlei Vorwurf an der Zerrüttung der Ehe zu machen, sie müsse sich nicht „von der Geliebten verdrängen" lassen.

Dieses Urteil hob das Oberlandesgericht Freiburg auf und schied die Ehe. Leider sind in den ausgedünnten Akten nur noch das Scheidungsurteil des Landgerichts Offenburg und das Berufungsurteil des Oberlandesgerichts Freiburg erhalten, so dass sich der Parteivortrag lediglich mittelbar aus dem Tatbestand des Urteils erschließen lässt. Der Kläger machte geltend, auch die Beklagte treffe ein Verschulden an der Zerrüttung der Ehe, weil sie ihn bei militärischen Dienststellen angezeigt habe; außerdem sei die Ehe von Anfang an nicht glücklich gewesen, und man dürfe die Parteien in jungem Alter nicht an die

---

[27] StA Freiburg, OLG Freiburg vom 13.3.1947, U 156/46; in den Fachzeitschriften nicht vollständig abgedruckt.

gescheiterte Ehe fesseln. Er bot an, die Hälfte seines Ersparten für das Kind zur Verfügung zu stellen, seiner Frau die Wohnungseinrichtung zu überlassen und ihr Unterhalt zu gewähren. Die Beklagte trug dagegen vor, sie sei gegen die Scheidung, weil sie in ihrem kleinen Dorf nicht „als geschiedene Frau gelten" wolle.

Das Oberlandesgericht Freiburg schloss sich nicht einfach der inzwischen recht verbreiteten Rechtsprechung des Oberlandesgerichts Hamburg an, sondern entwarf alternative Leitlinien zur Anwendung des § 48 EheG. Das Gericht ging dabei zunächst kurz auf die Auffassung des Reichsgerichts ein, das in § 55 Abs. 2 Satz 2 EheG 1938 keine Gegenausnahme zu § 55 Abs. 2 Satz 1 EheG 1938 gesehen habe, sondern eine Rückkehr zur Regel des § 55 Abs. 1 EheG 1938, so dass deshalb die Beachtung des Widerspruchs die Ausnahme habe bleiben müssen. „Diese offenbar von bevölkerungspolitischen Bestrebungen des vergangenen Systems beeinflusste Auslegung ist nach dem Zusammenbruch vom Oberlandesgericht Hamburg und anderen Oberlandesgerichten mit zutreffenden Gründen abgelehnt worden."

Anschließend führte das Gericht aus, § 48 Abs. 2 Satz 2 EheG (1946) enthalte eine Gegenausnahme, „eine vom Kläger geltend zu machende Erwiderung [...], die die Ausnahme ausschließt". Die Nichtbeachtung des Widerspruchs sei „danach lediglich nach den Grundsätzen des § 48 Abs. 2 Satz 2 zu beurteilen". Damit kehrte nach Auffassung des Oberlandesgerichts Freiburg der Satz 2 gerade nicht zur Regel des Absatzes 1 zurück.

„Dabei besteht nach Auffassung des Senats kein Anlaß, in das gegenteilige Extrem zu verfallen und die Beachtung des Widerspruchs als Regel hinzustellen. Das würde der Vorschrift, die einer der Kernpunkte der Reform des Eherechts war, ihre praktische Bedeutung zum größten Teil nehmen."

Das Oberlandesgericht Freiburg wandte sich also deutlich gegen eine faktische Abschaffung der Zerrüttungsscheidung durch die Neuauslegung des § 48 EheG seitens der oben zitierten Oberlandesgerichte.

„Die unveränderte Übernahme der Vorschrift durch den Kontrollrat spricht gegen die Annahme eines grundsätzlichen Bedeutungswandels im Sinne einer praktischen Beschränkung der Scheidungsmöglichkeit nur auf die seltenen Fälle beiderseits nicht verschuldeter Zerrüttung. Der neue Abs. 3 nötigt nicht zu einer anderen Beurteilung, da in den Fällen des Abs. 2 auch nach bisherigem Recht die Berücksichtigung der Interessen minderjähriger Kinder im Vordergrund stehen mußte. Es ist danach nicht ausgeschlossen, auch bei einer durch Treubruch des Klägers zerrütteten Ehe bei der Abwägung der sittlichen

Forderung nach Erhaltung der Ehe und Schutz der ehelichen Treue gegenüber dem sittlich bedenklichen Zustand einer tatsächlich zerstörten, nur noch der Form nach weitergeführten Ehe aus besonderen Gründen des Einzelfalls zur Scheidung zu kommen."

Das Oberlandesgericht Freiburg begründete also eine Abwägungslösung, die auf Dauer die Rechtsprechung in ganz Deutschland über den Obersten Gerichtshof für die britische Zone bis hin zum Bundesgerichtshof (BGH) beeinflussen sollte[28]. Bemerkenswert ist, dass sich das Oberlandesgericht auf die historische Auslegung nach den (mutmaßlichen) Beweggründen des Gesetzgebers stützte, und zwar nicht des Gesetzgebers des Jahres 1938, sondern des alliierten Gesetzgebers, der 1946 die Zerrüttungsscheidung aus dem Ehegesetz 1938 unverändert übernommen hatte. Das Oberlandesgericht widerlegte damit die bevölkerungspolitische Interpretation des Reichsgerichts und schälte den Kern der trotzdem fortbestehenden Zerrüttungsscheidung auch bei Verschulden des Klägers heraus. Dies, so wurde unterstellt, sei der Kern, den auch der Alliierte Kontrollrat mit seiner Neufassung des Ehegesetzes habe erhalten wollen. Damit stellte sich das Gericht gegen die letztlich ahistorische Auffassung der oben zitierten Oberlandesgerichte, die zwar ebenfalls die bevölkerungspolitischen Argumente des Reichsgerichts ad acta legten, überdies aber die günstige Gelegenheit nutzten, unter Missachtung der Auffassung des alliierten Gesetzgebers zugunsten anderer Wertvorstellungen gleich die gesamte Zerrüttungsscheidung beiseitezuschieben und als bevölkerungspolitisch motiviert zu geißeln. Diese Gerichte traten nämlich, von einer sehr konservativen Auffassung bestimmt, auch Reformgedanken entgegen, die es bereits vor 1933 gegeben hatte und die der alliierte Gesetzgeber offensichtlich aufgriff. Das Oberlandesgericht Freiburg hingegen versuchte, diesem Reformpostulat zur Geltung zu verhelfen.

Anschließend nahm das Gericht die Abwägung für den Einzelfall vor und nannte zahlreiche Gründe für die Nichtbeachtung des Widerspruchs: Die Parteien hätten sehr jung geheiratet, beide mit 21 Jahren, und hätten nur sehr kurz zusammengelebt, weil der Kläger zwischen 1936 und 1938 Wehrdienst geleistet habe und im Sommer 1939 erneut zum Militär eingezogen worden sei. Es handle sich um eine Kriegsehe, „der Krieg war auch die Ursache dafür, daß der seiner Familie entfremdete Kläger einer anderen Frau verfiel". Die Parteien

---

[28] Vgl. BGHZ 1, S. 91 ff.

ständen auch heute noch im besten Alter, wirtschaftliche Gründe rechtfertigten die Aufrechterhaltung der Ehe ebenfalls nicht, da es „der Beklagten nach ihren Lebensverhältnissen zuzumuten ist, ihren Unterhalt durch eigene Arbeit zu bestreiten". Das Oberlandesgericht Freiburg ging also im Gegensatz zu anderen Oberlandesgerichten der Westzonen schlicht davon aus, dass eine geschiedene Frau, die noch jünger war, selbst zu arbeiten habe und sich nicht auf die lebenslange Versorgung durch ihren geschiedenen Mann verlassen könne.

Die Gründe der Beklagten, die vor allem mit der Rücksicht auf ihren Ruf argumentiere, seien hingegen nicht stichhaltig. Es liege vielmehr „in ihrem Interesse, wenn sie als junge Frau nicht für ihr weiteres Leben an den formellen Band der Ehe festgehalten wird". Auch die Auffassung, es diene den Interessen des Kindes, die Ehe aufrechtzuerhalten, lehnte das Gericht ausdrücklich ab. Eine Lösung der Ehe jetzt, so lange das Kind noch klein sei, sei besser, weil dem Kind „spätere erneute Auseinandersetzungen zwischen den Ehegatten erspart bleiben". Hiernach hob das Gericht die Entscheidung des Landgerichts Offenburg auf und schied die Ehe der Parteien. Bemerkenswert an den Gründen der Entscheidung ist nicht nur die Abwägungslösung als solche, sondern auch der Umstand, dass das Gericht ausschließlich Punkte in die Abwägung einbezog, die die konkrete Ehe betrafen, keine „allgemein-sittlichen" Erwägungen anstellte und damit nicht nur die eigentlich aus dem liberalen Diskurszusammenhang stammende Zerrüttungsscheidung als solche Ernst nahm, sondern bei ihrer Anwendung ebenfalls liberal dachte und die Ehe ausschließlich als Privatangelegenheit der Parteien ansah. Dieser Rechtsprechung folgten jedoch keineswegs sämtliche Untergerichte der französischen Besatzungszone: Die erste Entscheidung des Landgerichts Ravensburg zur Beachtlichkeit des Widerspruchs nach § 48 Abs. 2 EheG 1946 (R 337/1947) datiert vom 30. April 1948[29]. Dabei sprach sich das Gericht für die grundsätzliche Beachtlichkeit des Widerspruchs aus und wies die Scheidungsklage eines 40-jährigen Dentisten aus Oberbayern aufgrund des Widerspruchs der 49-jährigen in Ravensburg wohnhaften Beklagten ab; auch in der Folgezeit judizierte das Gericht auf dieser Grundlage[30].

---

[29] Zur Rechtsprechungstätigkeit des LG Ravensburg in Zerrüttungsscheidungssachen vgl. Strohmaier, Prozessalltag.
[30] Zu den Entscheidungen des LG Ravensburg vgl. eingehend ebenda, S. 96 ff.

Dagegen fand der neue Ansatz einer Einzelfallprüfung Anklang beim Oberlandesgericht Hamm[31] und wurde schließlich vom Obersten Gerichtshof der britischen Zone aufgegriffen und gefestigt[32]. Der Oberste Gerichtshof setzte sich ausführlich mit der bisherigen Rechtsprechung auseinander und legte den Schwerpunkt auf die sittliche Abwägung des Einzelfalls. Durch eine Einzelfallabwägung könne zwar eine uneinheitliche Anwendung des § 48 EheG (1946) entstehen, dies sei aber weniger problematisch als die eine oder andere Extremposition. Bei Einzelfallabwägung bestehe kein Vorrang der Interessen der Allgemeinheit. Es handle sich vielmehr um eine sittliche Wertung, bei der sich Einzel- und Gesamtinteressen nicht scheiden ließen und wohlverstanden übereinstimmten. Die Postulation übereinstimmender Einzel- und Gesamtinteressen mutet freilich recht eigenartig an und ist nicht Kennzeichen eines demokratischen Rechtsstaats; dies zeigt auch die Wendung, dass bei der Wahl der „Abwägungslösung" noch nicht gesagt sei, welche Kriterien warum in die Abwägung einzustellen seien. Gerichte anderer Besatzungszonen[33] schlossen sich dieser Linie an, andere Oberlandesgerichte setzten hingegen ihre Rechtsprechung nach dem Modell des Oberlandesgerichts Hamburg fort, so etwa auch das Landgericht Ravensburg, das in der Sache R 227/48 (Entscheidung vom 25. März 1949) den Standpunkt des Obersten Gerichtshofs ausdrücklich zurückwies.

Zurück zu unserem Verfahren: Die in der Revisionserwiderung vorgetragenen abwägungsrelevanten Umstände lasen sich wie folgt: Die Ehe sei zerrüttet, der Kläger werde nicht zu seiner Frau zurückkehren. Dies sei ihm auch nicht zuzumuten. Die Beklagte verlange die Aufrechterhaltung der Ehe nicht aus sittlichen Gesichtspunkten, sondern nur aus Hass und Rache, damit der Kläger keine neue Ehe schließen könne. Dies mache einen Widerspruch aber nicht beachtlich.

Das Bayerische Oberste Landesgericht nutzte die Gelegenheit, zur Auslegung des § 48 EheG grundsätzlich Stellung zu nehmen. Dies

---

[31] Vgl. OLG Hamm (Westfalen), 7. Zivilsenat, Urteil vom 28.8.1947, 7 U 62/47, in: MDR 2 (1948), S. 19f.

[32] Vgl. OGH Köln, Zivilsenat, Urteil vom 31.5.1948, ZS 10/48, in: MDR 2 (1948), S. 241ff., hier S. 241; OGH Köln, Zivilsenat, Urteil vom 31.5.1948, ZS 12/48, in: in: MDR 2 (1948), S. 209–212, hier S. 209; OGH Köln, Urteil vom 17.6.1948, ZS 15/48, in: MDR 2 (1948), S. 471f., hier S. 471.

[33] Vgl. OLG Dresden, Urteil vom 17.6.48, 2 U 191/47, in: NJ 2 (1948), S. 228ff., hier S. 228; Urteil des Kammergerichts vom 9.11.1948, 4 U 1474/48, in: JR 3 (1949), S. 116f.

hatte das bislang als Revisionsgericht für Entscheidungen des Landgerichts Nürnberg zuständige Oberlandesgericht Nürnberg in den Jahren 1946/47 noch nicht für notwendig gehalten, im Gegenteil: Die Revisionsrechtsprechung dieses Gerichts erscheint zum Teil recht disparat; Oberlandesgerichte anderer Zonen hatten sich hingegen – wie gesehen – schon frühzeitig grundsätzlich festgelegt.

Bereits in der ersten Nachkriegssache 1 R 3/46 hatte das Landgericht die beiden Begründungsstränge angesprochen, die die Nachkriegsrechtsprechung in Nürnberg prägen sollten: Zu einer Beachtung des Widerspruchs führten die Frage nach der Versorgung der Ehefrau nach einer möglichen Scheidung und die moralische Wertung des Geschehens, hier die moralische Verurteilung des untreuen Mannes. Das Oberlandesgericht Nürnberg als Revisionsgericht sah keine grundsätzlichen Rechtsfragen betroffen, obschon sich diese Rechtsprechung von der Rechtsprechung bis 1945 grundlegend unterschied, und lehnte zweimal eine Überprüfung derartiger Entscheidungen aus dem Jahr 1946 ab.

Das Bayerische Oberste Landesgericht referierte zunächst die Grundlinien der reichsgerichtlichen Rechtsprechung. Das Gericht habe sich vorwiegend nach völkischen Belangen und nicht nach den Interessen der Ehegatten gerichtet. Kernfrage sei gewesen, ob die Ehe vom völkischen oder bevölkerungspolitischen Standpunkt aus noch Sinn habe. Die Nichtbeachtung des Widerspruchs bedeute auf dieser Grundlage die Rückkehr zur Regel des ersten Absatzes und die Beachtung des Widerspruches bleibe eine Ausnahme. Heute könnten dagegen allein „individuelle Gesichtspunkte" berücksichtigt werden. Es gehe nicht mehr um die Frage, ob der Kläger nach der Scheidung eine neue, mit Kindern gesegnete Ehe eingehen werde. Die neue Rechtsprechung sei jedoch uneinheitlich. Zahlreiche Gerichte kehrten das Verhältnis von Regel und Ausnahme um und beachteten nun grundsätzlich den Widerspruch. Der Oberste Gerichtshof für die britische Zone nehme eine Mittelstellung ein und wäge im Einzelfall ab.

Das Bayerische Oberste Landesgericht stellte demgegenüber den Grundsatz auf, dass eine zerrüttete Ehe geschieden werden müsse. Dieser Grundsatz werde durch zwei Ausnahmen durchbrochen: das Widerspruchsrecht nach § 48 Abs. 2 EheG und die Belange der Kinder nach § 48 Abs. 3 EheG. Die Regelung des § 48 Abs. 2 Satz 1 EheG besage nicht nur, dass der Widerspruch formell zulässig sei, wenn der Kläger die Zerrüttung der Ehe überwiegend verschuldet habe, sondern wolle zudem besagen, dass der Widerspruch in diesem Fall auch beachtlich sei. Hiervon finde sich in § 48 Abs. 2 Satz 2 EheG wiederum eine Ausnahme. Während es nach Satz 1 zu einer Untersuchung der Verschuldensfrage und Abweisung nur komme, wenn der Beklagte widerspreche, habe das Gericht die Merkmale des Satzes 2 von Amts wegen zu prüfen. Die Entscheidung über die Aufrechterhaltung der Ehe nach Absatz 2 Satz 2 sei, so das Gericht, unter Würdigung des Wesens der Ehe und des gesamten Verhaltens beider Ehegatten zu treffen. Das Wesen der Ehe und der Zustand der Ehe sei freilich schon in Absatz 1 zu erörtern. Ferner habe das Gericht bei der Prüfung der Zulässigkeit des Widerspruchs in Absatz 2 Satz 1 die Verursachung der Zerrüttung zu prüfen. Dadurch sei das Gericht schon vor der Prüfung des Absatzes 2 Satz 2 dazu gezwungen, das Verhalten beider Ehegatten zum Gegenstand der Verhandlung zu machen. So könne, wenn die Ehe besonders tief zerrüttet sei und das Verschulden des Klägers an der Zerrüttung das des Beklagten nur wenig überwiege, bereits auf dieser Grundlage entschieden werden. Sei ein solcher Extremfall nicht gegeben, obliege es dem Kläger, zur Rechtfertigung seines Scheidungsbegehrens weitere besondere Umstände darzulegen und zu beweisen, die außerhalb der nach Absatz 1 und Absatz 2 Satz 1 zu erörternden Zerrüttungs- und Schuldtatbestände liegen. Ausschlaggebend dürfe für den Richter im Einzelfall stets nur sein, ob der Tatbestand der Regelvorschrift oder der Tatbestand der Ausnahmebestimmung gegeben sei. Entscheidend sei letztlich immer, ob es bei der Abwägung aller Umstände nach allgemeingültigen sittlichen Anschauungen gerechtfertigt sei, den Kläger an der Ehe festzuhalten.

Die Hochzeitspläne des Klägers erhielten einen schweren Dämpfer: Das Bayerische Oberste Landesgericht hob aufgrund der mündlichen Verhandlung vom 23. März 1949 unter dem Aktenzeichen I 35/48 das Urteil des Landgerichts Nürnberg-Fürth auf, weil die Begründung des Gerichts nicht den dargelegten Maßstäben entspreche, und verwies die Sache zurück an das Landgericht. Es lasse sich zwar nicht erweisen, dass das Leiden der Beklagten auf die Ehe zurückzuführen sei; außerdem habe der Kläger seine Unterhaltspflicht stets erfüllt. Die weiteren Feststellungen reichten jedoch keinesfalls dazu aus, den Widerspruch der Beklagten für unbeachtlich zu erklären. Im konkreten Fall habe die Ehe bis zur Scheidungsklage 21 Jahre gedauert. Sie sei erst durch die ehewidrigen Beziehungen des Klägers getrübt worden. Hätten die Ehegatten aber viele Jahre glücklich zusammengelebt, so spreche dies für die Aufrechterhaltung der Ehe. Gleiches gelte für den Versuch der Beklagten, den Kläger in die Ehe zurückzuführen. Überdies habe das Gericht zu prüfen, ob und inwieweit durch die Scheidung eine Erschütterung der bisherigen Lebensgrundlage der Beklagten eintreten könne. Es sei also zu überlegen, wie die Unterhaltszahlungen künftig aussehen könnten. Diese wirtschaftlichen Punkte seien nicht allein von ausschlaggebender Betrachtung, trotzdem müssten sie gründlich erörtert werden, zumal die Ehe viele Jahre gedauert habe, die Beklagte in vorgerücktem Alter stehe und zudem kränklich sei. In seiner erneuten Entscheidung wies das Landgericht Nürnberg-Fürth die Scheidungsklage deshalb mit einer knappen Begründung ab.

Dies macht deutlich, dass das Bayerische Oberste Landesgericht in seiner grundlegenden Entscheidung letztlich der Auffassung zuneigte, dass ein Widerspruch des beklagten Ehegatten grundsätzlich stets zu beachten sei. Die Aussage des Gerichts, eine zerrüttete Ehe sei grundsätzlich zu scheiden (§ 48 Abs. 1 EheG), führt nämlich in die Irre. Auch der Widerspruch nach § 48 Abs. 2 Satz 1 EheG war nämlich nach Auffassung des Gerichts stets zu beachten, wenn die Voraussetzung überwiegenden Klägerverschuldens vorlag. Für die Nichtbeachtung des Widerspruchs musste der Kläger dann „weitere besondere Gründe" dartun, die nicht bereits in § 48 Abs. 1 und Abs. 2 Satz 1 EheG „verbraucht" worden waren. Konnte der Kläger dies, dann – aber auch nur dann – war in eine Abwägung einzutreten. Sehr bemerkenswert an der Entscheidung des höchsten bayerischen Zivilgerichts ist, dass sich das Gericht allein auf „individuelle Gründe" zurückzog und Allgemeininteressen an der Aufrechterhaltung oder Scheidung der Ehe nicht beachtet wissen wollte.

Der Unterschied der bayerischen Linie zu den Entscheidungen des Oberlandesgericht Freiburg oder des Obersten Gerichtshofs für die britische Zone liegt darin, dass diese Gerichte keine weiteren „besonderen Gründe" forderten, sondern im Rahmen des § 48 Abs. 2 Satz 2 EheG in eine ergebnisoffene Abwägung aller Umstände eintraten – eine Arbeitsweise, der sich schließlich auch der Bundesgerichtshof anschloss[34]. Danach waren alle Punkte frei abzuwägen, „außerhalb der Einzelehe gelegene Erwägungen" nicht in die Abwägung einzustellen, wie der BGH zur Reduktion des „Unbestimmtheitsgrads" der zu erwartenden Entscheidungen hervorhob. Versorgungsgesichtspunkte waren

---

[34] BGHZ 1, 91 ff.

für den Bundesgerichtshof durchaus von Bedeutung, das Gericht bezeichnete die Ehe in diesem Zusammenhang recht pathetisch als „gemeinsamen Existenzkampf"; religiöse Argumente hörte das Gericht ebenfalls. Auch wenn die Abwägung zunächst ergebnisoffen angelegt war, ist trotzdem nicht zu übersehen, dass die Gewichtung der einzelnen Punkte in der Rechtsprechung des Bundesgerichtshofs nur ganz selten zur Unbeachtlichkeit des Widerspruchs führte; die Urteile atmen vielmehr das Bild der Ehe als lebenslanger Gemeinschaft. Der Bundesgerichtshof hatte sich also zwar wohl nach eigener Aussage der Auffassung des Obersten Gerichtshofs angeschlossen, stellte aber zur Reduktion des „Unbestimmtheitsgrads" zunehmend Regeln auf, etwa die Regel, dass der Widerspruch stets beachtlich sei, wenn die Scheidungsklage die Verstoßung des beklagten Ehegatten zum Ziel habe.

Außerdem hob das Gericht auf mit der Eheschließung übernommene Verpflichtungen ab, deren Verletzung einen Verstoß auch gegen die sittliche Ordnung darstelle, wobei von der Unauflöslichkeit der Ehe ausging. Damit fanden nach und nach auch „außerhalb der Einzelehe gelegene Erwägungen" Eingang in die Überlegungen des Gerichts. Eine Scheidung trotz Verstoßes gegen die überpersönlichen sittlichen Ordnungsvorstellungen[35] kam nur im Ausnahmefall in Betracht. Inhaltlich setzte sich damit die bereits im Februar 1946 begründete Hamburger Linie der Nachkriegsrechtsprechung durch, während das liberale Abstellen auf ein individualistisches Eheverständnis in Freiburg und auch in München in der Bundesrepublik Deutschland Episode blieb. Die Ehe wurde vielmehr wieder in den Dienst übergeordneter Ziele gestellt, zwar nicht in den Dienst der bevölkerungspolitischen und rassischen Ideologie der Nationalsozialisten, wohl aber in den Dienst des Aufbaus einer an abendländisch-christlichen Zielen orientierten Gesellschaft.

c) *Die Hochzeit wird abgesagt*

Am Ende musste der Kläger die Hochzeit absagen: Auch eine erneute Berufung zum Oberlandesgericht Nürnberg, das sein Urteil im Januar 1953 absetzte, blieb erfolglos. Der Widerspruch der beklagten Ehefrau finde Beachtung, weil die Aufrechterhaltung der Ehe sittlich gerecht-

---

[35] Zur veröffentlichten Rechtsprechung des BGH zu § 48 EheG vgl. eingehend Hetzke, Rechtsprechung.

fertigt sei. Hierbei sei das Maß des Verschuldens der Ehegatten nicht allein ausschlaggebend. Die Ehe sei tragender Inhalt für das Leben der Beklagten geworden, die die Ehe ernstlich fortsetzen wolle. Es gehe der Beklagten auch nicht nur um ihre Versorgung. Auf der anderen Seite habe sie auch gar keine Veranlassung, sich beiseite schieben zu lassen, weil der Kläger eine jüngere Frau kennengelernt habe. Sie sei 53 Jahre alt und könne sich wohl kaum mehr einem neuen Beruf zuwenden. Die Einkommensverhältnisse des Klägers seien nicht so, dass er zwei Frauen unterhalten könne. Möglicherweise könne sich die Freundin, einmal mit dem Kläger verheiratet, auf den Standpunkt stellen, dass sie als Ehefrau nicht arbeiten müsse. Dann sei der Unterhalt der Beklagten gefährdet, die zudem kränklich sei.

d) *Der Weg in die bundesdeutsche „Versorgungsehe"*

Damit war in der Bundesrepublik der Weg in die „Versorgungsehe" vorgezeichnet. Zwar hatte sich das Modell einer Abwägung aller für und gegen die Aufrechterhaltung der Ehe sprechenden Gesichtspunkte durchgesetzt, diese Gesichtspunkte wurden jedoch religiös-weltanschaulich aufgeladen, so dass man von der Grundregel der Unauflösbarkeit der Ehe ausging; nur ganz erhebliche Gründe konnten ausnahmsweise gegen die Beachtlichkeit des Widerspruchs ins Feld geführt werden. Hatte eine Frau geheiratet, so konnte sie sich also – eigenes ehetreues Verhalten vorausgesetzt – schon nach kürzester Ehedauer sicher sein, ein Recht auf lebenslange Versorgung durch lebenslange Ehe erworben zu haben – einmal Chefarztgattin, immer Chefarztgattin. Verdiente der Ehemann ausreichend, so bestand für die Ehefrau keine Veranlassung, eine Erwerbstätigkeit aufzunehmen, denn sie musste keinen wirtschaftlichen Abstieg durch Scheidung fürchten. Freilich wurde sie wirtschaftlich abhängig von ihrem Mann, der im Gegensatz zu ihr nicht darauf verwiesen war, sich ehetreu zu verhalten. Das Aufgabenfeld der Ehefrau konnte sich allein auf die Führung des Haushalts und die Kindererziehung beschränken.

Diese im Wege der Rechtsprechung erfolgte faktische Abschaffung der Zerrüttungsscheidung zeigt sich damit als Mittel des gesellschaftlichen Umbaus hin zur Hausfrauenehe mit einer klaren Rollenzuweisung an Mann und Frau. Diese Rechtsprechung wurde schließlich Gesetz: Das Familienrechtsänderungsgesetz 1961 veränderte § 48 EheG zum 1. Januar 1962, indem es selbst eine Wertung vornahm. Die „sittliche Rechtfertigung" der Aufrechterhaltung der Ehe, § 48 Abs. 2 Satz 2

EheG (1946), wurde gestrichen. Nunmehr war der Widerspruch nur noch dann unbeachtlich, wenn „dem widersprechenden Ehegatten die Bindung an die Ehe und eine zumutbare Bereitschaft fehlen, die Ehe fortzusetzen" (§ 48 Abs. 2 EheG, 1962), die Ehefrau also untreu war.

3. Die Judikatur von Gerichten der Sowjetischen Besatzungszone

a) *Kritik aus dem Osten*

Hans Nathan, ein prominenter Jurist aus der Sowjetischen Besatzungszone (SBZ), kritisierte § 48 EheG in einem Aufsatz aus dem Jahr 1949 massiv[36]. Stelle der Gesetzgeber darauf ab, ob die Aufrechterhaltung der Ehe sittlich gerechtfertigt sei, so löse er damit das Problem des Widerspruchs gegen die Zerrüttungsscheidung nicht, denn darüber, ob die Aufrechterhaltung einer zerrütteten Ehe sittlich gerechtfertigt sei oder nicht, lasse sich auf Grundlage unterschiedlicher Weltanschauungen trefflich streiten. Und in der Tat kam es – wie gesehen – in den westlichen Besatzungszonen und nach 1949 in der Bundesrepublik Deutschland erst dann zu einer einheitlichen Rechtsprechung, als der Bundesgerichtshof mit dem christlich-abendländischen Ehebild die Grundlage der gegebenenfalls erforderlichen „sittlichen Wertung" festgelegt hatte. Das entscheidende Problem sei, so Nathan nicht zu Unrecht, in § 48 EheG also nicht gelöst, sondern nur verdeckt worden[37].

Die Leitentscheidung des Obersten Gerichts der DDR zu § 48 Ehegesetz beruhte auf einer Entscheidung aus Leipzig und trägt das Aktenzeichen 3 R 158/48. Ein wissenschaftlicher Buchhändler und Antiquar wollte seine 1909 geschlossene Ehe nach § 48 EheG scheiden lassen. Die Parteien waren zum Zeitpunkt der Klageeinreichung über 60 Jahre alt und lebten nach dem Vortrag des Klägers seit 1. Dezember 1939 getrennt; aus der Ehe waren zwei inzwischen verheiratete Kinder hervorgegangen. Die Entscheidung beruhte also auf einem Sachverhalt, in dem selbst das scheidungsfreundliche Reichsgericht die

---

[36] Hans Nathan, Anmerkung zu den beiden vorstehend abgedruckten Entscheidungen § 48 EheG. Unter welchen Voraussetzungen ist ein Widerspruch nach § 48 Abs. 2 EheG zu beachten? OLG Dresden, Urteil vom 10.1.1949, 2U 385/47, LG Dresden, Urteil vom 28.10.1948, 7R 173/48, in: NJ 3 (1949), S. 171 ff., hier S. 171.
[37] Zur Rechtsprechungstätigkeit des LG Dresden und des LG Leipzig in Zerrüttungsscheidungssachen vgl. Löhnig, Justiz, S. 79 ff.

Scheidungsklage wohl abgewiesen hätte, weil der 63-jährige Ehemann seine gealterte Frau, die auch Kinder großgezogen und die besten Jahre geopfert hatte, nicht verstoßen dürfe und ihm überdies keine bevölkerungspolitische Funktion mehr zukam.

b) *Die Ehe als Schicksalsgemeinschaft*

Die Beklagte widersprach der Scheidung nach § 48 Abs. 2 EheG. Dass allein der Hinweis auf eine dreijährige Trennung der Parteien genüge, um eine Scheidung gemäß § 48 EheG durchzuführen, gehöre „glücklicherweise einer überwundenen Vergangenheit" an. § 48 EheG sei nicht dazu geschaffen worden, eine gealterte Lebensgefährtin möglichst rasch loswerden zu können. Die Ehe stelle sich vielmehr als Schicksalsgemeinschaft dar, die bindende Wirkung habe. Im Übrigen habe die Beklagte in Geschäft und Haushalt treue Dienste geleistet. Der Kläger wies demgegenüber darauf hin, dass er seine Unterhaltspflicht erfüllt habe und auch künftig zuverlässig zu erfüllen bereit sei. Möglicherweise scheint der Kläger also ein „Abkaufen" des Widerspruchs durch Abschluss einer Unterhaltsvereinbarung ins Gespräch gebracht zu haben.

In der Literatur wurde der Tausch Widerspruchsverzicht gegen notarielle Unterhaltsverpflichtung als „Kuhhandel" bezeichnet, der nichts mit „Sittlichkeit" zu tun habe[38]. Dass die soziale Wirklichkeit gerade älterer Ehefrauen auch in der jungen DDR durch alles andere als Gleichberechtigung und wirtschaftliche Selbständigkeit geprägt war, interessierte Hans Nathan nicht: In jeder Übergangzeit entstänKörperden „Reibungen [...], die sich für die beteiligten Menschen als Härten auswirken. Die Frau der neuen Zeit wird es als unwürdig empfinden", nur wegen des Geldes um ihre Ehe zu kämpfen. Lediglich im Fall älterer Ehefrauen war man pragmatisch: „Es ist Sache des Richters [...] nach einer Ausgleichung der Härten zu streben, indem er auf jede nur mögliche Sicherung der materiellen Lage der Frau durch den Mann im Wege des Vergleichs mit seinem ganzen Einfluß hinwirkt."

In einigen Akten ist deutlich zu erkennen, dass Gerichte oder Parteien auf derartige Absprachen drängten. So berief sich im Verfahren 1 R 145/49 die 47-jährige Beklagte, die drei Kinder großgezogen hatte, unter Beifügung eines ärztlichen Gutachtens auf ihre vollständige, in Folge schwerer Krankheit bestehende Arbeitsunfähigkeit, weshalb sie

---

[38] Vgl. Nathan, Anmerkung, S. 172; die folgenden Zitate finden sich ebenda.

auf die Unterstützung des Klägers angewiesen sei und der Scheidung widerspreche. Allerdings bot sie gleichzeitig an, ihren Widerspruch gegen eine notarielle Verpflichtung zur Unterhaltszahlung von monatlich 60 Mark fallenzulassen. Das zeigt, wie die Erhebung des Widerspruchs als Druckmittel eingesetzt werden konnte, um eine Unterhaltsverpflichtung des scheidungswilligen Ehemanns zu erreichen.

Ein gelungener „Kuhhandel" zeigt sich im Verfahren 1 R 166/49, wo sich die Beklagte, Mutter dreier Kinder, von ihrem Mann, der mit seiner Freundin inzwischen weitere vier Kinder hatte, in der Berufungsinstanz den Widerspruch abkaufen ließ, nachdem zuvor das Landgericht Leipzig mit recht unsorgfältiger Begründung die Klage abgewiesen hatte: Der Widerspruch der Beklagten sei beachtlich, denn sie habe sich nicht im Geringsten an der Zerrüttung schuldig gemacht. Dass sie sich um ihren Unterhalt und ihre Witwenrente Gedanken mache, sei legitim. Wenn die Beklagte befürchte, die aus einem ehebrecherischen Verhältnis hervorgegangenen Kinder könnten wie die ehelichen Kinder behandelt werden, so könne das problematisch sein, aus Sicht der Beklagten jedoch verständlich. Es sei auch der Beklagten nicht anzulasten, wenn sie im Interesse des noch im jugendlichen Alter befindlichen ehelichen dritten Kindes die Möglichkeit nicht für ausgeschlossen halte, dass der Vater sich für die Erziehung seiner ehelichen Kinder noch einmal interessieren und Verantwortung übernehmen könnte.

Ansonsten trug der Kläger vor allem rechtspolitische, die Beklagte insbesondere ehebezogene Argumente vor. Der Kläger sah Zweck und Ziel des § 48 Ehegesetz im Gedanken der „Unhaltbarkeit, der Gefährlichkeit solcher Ehen", die völlig zerrüttet sind. Der Widerspruch, so der Kläger, sei nicht beachtlich, auch wenn der von den nationalsozialistischen Gerichten herausgestellte bevölkerungspolitische Grundsatz entfallen müsse, denn jetzt gelte folgender Leitgedanke: „Heillos zerbrochene Ehen, die die Kraft der Eheleute verzehren und Quellen ständigen Streites sind, müssen gelöst werden, wenn die Allgemeinheit an solchen Ehen kein Interesse mehr habe." Hier scheint also ein deutlicher Gemeinschaftsbezug der Ehe auf, auch wenn es nicht mehr um Bevölkerungspolitik oder christliche Werte, sondern um das wie auch immer geartete Interesse der „Allgemeinheit" als solches ging.

Im Verfahren 1 R 418/48 klagte ein Arzt auf Scheidung seiner 1925 geschlossenen Ehe, der ein zum Zeitpunkt der Klageerhebung zwölfjähriger Sohn entstammte; ein weiteres Kind der Parteien war bereits verstorben. Die Parteien lebten seit 1943 getrennt. Die Beklagte trug vor, die Ehe habe 23 Jahre gedauert, und es widerspreche den allgemeinen Grundsätzen, dass die alternde, pflichtgemäß handelnde Gattin zugunsten einer jüngeren Frau einfach abgeschoben werde. Hier ist der Versorgungsgesichtspunkt nicht zu übersehen. Das Landgericht Leipzig schied am 15. Oktober 1948 die Ehe und hielt ganz andere Argumente für entscheidend: Der Kläger sei Arzt und die Erhaltung seiner Arbeitsfreude und Schaffenskraft liege nicht zuletzt auch im Interesse der Allgemeinheit. Dem Kläger könne nicht zugemutet werden, eine Alimentenehe fortzusetzen, weil darunter seine Arbeits- und Schaffenskraft zweifelsohne leiden müsse. Das Landgericht Leipzig interessierte sich also nicht zuvorderst für die Ehe der Parteien, sondern stellte den klagenden Ehemann in den Dienst der Allgemeinheit – zwar nicht als potentiellen Erzeuger „erbgesunden" Nachwuchses, dafür aber als fleißig arbeitenden Arzt.

Demgegenüber verwies die Beklagte gerade auf ehebezogene Argumente: Je älter ein Ehepaar werde und je mehr Vernunft und Achtung vor den sittlichen Größen und Einrichtungen man von den Eheleuten aufgrund einer größeren Lebenserfahrung verlangen könne, desto besser müsse das eheliche Band geschützt werden; vor allem müssten die im Fall einer Scheidung unübersehbaren wirtschaftlichen Gefahren für die Ehefrau verhindert werden. Selbst das Reichsgericht habe auf Grundlage des § 55 EheG (1938) entschieden, dass Ehefrauen, die ihrem Ehemann die guten Jahre gewidmet und die Kinder großgezogen hätten, einer Scheidung widersprechen dürften. Ein solcher Sachverhalt liege hier vor. Der Kläger sei auch völlig im Irrtum, wenn er meine, dass die Aufrechterhaltung der Ehe dann nicht mehr tragbar sei, wenn die Allgemeinheit kein Interesse an der betreffenden Ehe mehr habe. Vom Standpunkt des älteren Ehepaares aus komme es allein darauf an, dass die schutzbedürftige Frau nicht von einem ihr überdrüssigen Mann verstoßen werden dürfe. Eine Auseinandersetzung mit diesen Argumenten vermied das Gericht mit dem Hinweis darauf, die Beklagte habe keine Beweise dafür erbracht, dass der Kläger die Zerrüttung ganz oder überwiegend verschuldet habe, so dass der Widerspruch ohnedies nicht beachtet werden könne. Die Ehe wurde geschieden.

c) *Die Ehe als „hohle Form"*

Im Berufungsverfahren vor dem Oberlandesgericht Dresden führte der Kläger aus, ein Widerspruch sei beachtlich, weil die Ehe nach über zehn Jahren Trennung zu einer „hohlen Form" geworden sei – eine Formulierung aus dem Diskurs vor 1945, die jetzt wieder brauchbar war. Alles, was die Beklagte mit einer Klageabweisung erreichen könne, sei das Fortbestehen des Ehebands, ohne dass sich sonst im Leben der Parteien das Geringste ändere, nicht einmal finanziell, denn der Kläger habe bereits seine Unterhaltszusage in vollstreckbarer Form abgegeben – der Versuch eines „Kuhhandels".

Derartige Formulierungen finden sich häufig auch in Scheidungsurteilen des Landgerichts Dresden. Im Verfahren 9 R 126/46, das bereits am 26. September 1946 durch ein Urteil des Oberlandesgericht Dresden als Berufungsgericht abgeschlossen wurde, hatte der 1876 geborene Kläger im Jahr 1919 die 1891 geborene Beklagte geheiratet. Bereits 1921 trennten sich die Eheleute, der Kläger scheiterte 1923 mit einer Scheidungsklage. 1946 strengte der Kläger erneut ein Scheidungsverfahren an, das er auf die mehr als dreijährige Trennungszeit stützte und in dem die Beklagte der Ehescheidung widersprach. Das Landgericht Dresden hielt diesen Widerspruch für unbeachtlich, denn die Beklagte sei nach dem ersten erfolglosen Scheidungsversuch des Klägers erst 33 Jahre alt gewesen. „Sie hatte nur ein Kind, wäre also durchaus in der Lage gewesen, sich ein Leben ohne Bindung an den Kläger zu gestalten. Sie hatte weder ihre Gesundheit durch die Geburt vieler Kinder geopfert, noch ihre besten Jahre an der Seite des Klägers verbracht", sondern krampfhaft an der kurzen Ehe festgehalten. Hier klingen also klassische Topoi wie Gesundheitsopfer und beste Jahre an, die aus der Rechtsprechung vor 1945 geläufig waren, um den Widerspruch für unbeachtlich zu erklären. Das abweisende Urteil im Scheidungsverfahren von 1923 wurde damit freilich gleichsam ins Gegenteil verkehrt: Trotz des gerade gerichtlich ausgesprochenen Fortbestehens der Ehe hätte die Beklagte bereits diese Scheidungsklage zum Anlass nehmen müssen, ihr Leben neu zu gestalten. Das Oberlandesgericht Dresden bestätigte die Entscheidung mit knapper Begründung: Das Festhalten der Beklagten an der Ehe ändere nichts daran, dass diese „seit vielen Jahren zu einer leeren Form geworden ist und nur noch auf dem Papier steht". Solche Ehen „sind, dem den Bestimmungen des § 48 EheG zugrundeliegenden gesetzgeberischen Gedanken entsprechend, in der Regel zu scheiden".

Die Richter nannten diesen gesetzgeberischen Gedanken jedoch nicht, auch ist nicht erkennbar, welchen Gesetzgeber das Gericht eigentlich meinte, den des EheG (1938) oder den des EheG (1946).

Auch im Verfahren 10 R 457/46 sah das Landgericht Dresden den Widerspruch als unbeachtlich an, denn die 1912 geschlossene „Ehe der Parteien ist zur leeren Form geworden". Das Kind sei volljährig, beide wirtschafteten schon länger allein. Hier finden sich ebenfalls in sehr knapper Fassung typische Topoi aus der Rechtsprechung vor 1945, die jetzt wiederkehrten – dass eine Ehe „zur leeren Form geworden" oder „keine mehr" sei – um den Widerspruch für unbeachtlich zu halten. Vermutlich wird es der Beklagten hier auf ihre Unterhaltsansprüche angekommen sein, was für die Richter jedoch kein überzeugendes Argument war.

Im Verfahren 13 R 932/46 ließ sich das erstinstanzliche Urteil nicht auffinden. Der 1910 geborene Kläger hatte die 1904 geborene Beklagte 1931 geheiratet; die Eheleute hatten drei Kinder. Unter dem Aktenzeichen 2 U 39/49 urteilte das Oberlandesgericht Dresden am 16. Februar 1950 lakonisch: „Warum sie [die Beklagte] an einer Ehe festhält, die schon seit Jahren keine mehr ist, ist nicht ersichtlich." Außerdem habe sie den Kläger in seiner neuen Beziehung großzügig gewähren lassen und wolle jetzt trotzdem, ohne einen sinnvollen Grund nennen zu können, an der Ehe festhalten. Diese Entscheidung stammt, im Gegensatz zu den zuvor geschilderten Entscheidungen, nicht aus dem Jahr 1946, sondern aus dem Jahr 1950, und hier findet sich der Topos von der „leeren Form" nicht noch immer, sondern schon wieder.

Zurück zum Berufungsverfahren: Das OLG Dresden hingegen führte aus, es spreche die sehr lange Dauer der Ehe und das fortgeschrittene Alter dafür, die Ehe trotz langer Trennung zu erhalten. Der gealterten Beklagten sei es nicht zuzumuten, sich als geschiedene Frau abspeisen zu lassen. Der Kläger könne auch nicht vortragen, dass er die Freiheit erstrebe, um ein außereheliches Verhältnis durch eine zweite Heirat in Ordnung zu bringen, sondern er wolle lediglich vom Band der Ehe frei sein. Selbst hinsichtlich seiner Neigung, „bei anderen Frauen eine Entspannung zu suchen", habe er sich durch die Ehe nicht gehindert gefühlt. Bei richtiger Würdigung des Wesens der Ehe und des Gesamtverhaltens der beiden Ehegatten sei die Aufrechterhaltung der Ehe sittlich gerechtfertigt und die Klage deshalb abzuweisen. Das Gericht konnte sich mit dieser Argumentation auf – wie sich zeigen wird: scheinbar – sicherem Boden bewegen, denn selbst das Reichsgericht hätte diese Ehe wohl nicht geschieden, und auch im DDR-Diskurs war zum Teil die übergangsweise Sonderbehandlung „alter" Ehen vertreten worden; ein „glatter" Fall eigentlich.

So schloss sich Hilde Benjamin in ihrer Ablehnung der „Ehe als Versorgungsanstalt" zwar dem Standpunkt Nathans an, forderte jedoch für eine Übergangszeit die Berücksichtigung des Widerspruchs älterer Ehefrauen gegen die Ehescheidung, wenn die geschiedene Frau andernfalls in wirtschaftliche Not zu geraten drohe: „Man muß den Mut haben anzuerkennen, daß ein großer Teil unserer alten Ehen den Charakter einer Versorgungsanstalt haben."[39] Auch in einem Beitrag von Friederike Kluge, Richterin an einem Oberlandesgericht, spiegelt sich die „neue Auffassung" über die gleichberechtigte und selbstständige Frau wider, zugleich identifizierte die Verfasserin jedoch § 48 EheG als „frauenfeindliche Bestimmung im Ehescheidungsrecht" und plädierte für eine Beachtung des Widerspruchs bei langen Ehen. Es dürfe nicht der Eindruck aufkommen, die Frau sei „im Alter etwaigen Wünschen des Mannes nach Auflösung der ehelichen Gemeinschaft ausgeliefert"[40].

d) *Der Generalstaatsanwalt wird aktiv*

Gegen dieses Urteil beantragte der damals allein hierfür zuständige Generalstaatsanwalt der DDR (§ 11 Abs. 2 des Gesetzes über die Errichtung des Obersten Gerichtshofs und der Obersten Staatsanwaltschaft der Deutschen Demokratischen Republik vom 8. Dezember 1949)[41] Kassation des Urteils beim Obersten Gericht der DDR (§ 6 Abs. 1b dieses Gesetzes). Das Kassationsverfahren ersetzte die Revision nach der Zivilprozessordnung von 1879 und konnte nur von staatlichen Behörden, nicht aber den Parteien selbst eingeleitet werden. Der 13-seitige und damit für die damalige Zeit sehr umfangreiche Schriftsatz kam zu dem Ergebnis, dass das Urteil des Oberlandesgerichts Dresden auf einer Verletzung des § 48 EheG beruhe (§ 12a des genannten Gesetzes) und gröblich der Gerechtigkeit widerspreche (§ 12b des Gesetzes), so dass beide möglichen Kassationsgründe vorlägen.

Die Übereinstimmungen mit nationalsozialistischen „Errungenschaften" sind hier, wie auch bei der Anwendung des § 48 EheG –

---

[39] Hilde Benjamin, Die Ehe als Versorgungsanstalt. Bemerkungen zu der Anmerkung von Nathan, in: NJ 3 (1949), S. 209 f., hier S. 209.
[40] Friederike Kluge, Gedanken einer Richterin zu § 48 EG, in: NJ 4 (1950), S. 16 f., hier S. 16.
[41] Vgl. Gesetzblatt der Deutschen Demokratischen Republik 1949, S. 111 f.

dazu gleich – frappierend[42], war doch durch das „Gesetz über die Mitwirkung des Staatsanwaltes in bürgerlichen Rechtssachen" vom 15. Juli 1941[43] die Nichtigkeitsbeschwerde des Oberreichsanwalts beim Großen Senat des Reichsgerichts eingeführt worden, die (wie in der DDR der Kassationsantrag) binnen Jahresfrist nach Rechtskraft des Urteils möglich war. Auch die Voraussetzungen der Nichtigkeitsklage waren praktisch identisch, denn es war erforderlich, dass „schwerwiegende rechtliche oder tatsächliche Bedenken" gegen die Richtigkeit der Entscheidung bestanden und der Oberreichsanwalt „wegen der besonderen Bedeutung für die Volksgemeinschaft" (§ 2 des Gesetzes) die erneute Verhandlung für erforderlich hielt. Der Parallele zum nationalsozialistischen Recht war man sich in der DDR bewusst und verwies – auch dies eine beliebte Argumentationsfigur – darauf, dass nicht die äußere Form, sondern der Inhalt den Charakter einer Norm ausmache; demzufolge sei ein Missbrauch des Kassationsrechts in der Hand des Generalstaatsanwalts und des Obersten Gerichts nicht zu befürchten[44]. Das Verfahren sollte sich nach den Revisionsvorschriften der Zivilprozessordnung richten, die freilich nicht recht passten, so dass sich der Oberste Gerichtshof nach und nach eine eigene Verfahrensgestaltung zurechtlegte[45], die niemals in Gesetzesform gegossen wurde. Der Begriff Kassation ist auch insoweit missverständlich, als das Oberste Gericht selbst entscheiden konnte, wenn ein Fall zur Entscheidung reif war.

Der Generalstaatsanwalt führte aus: Selbst wenn sich aus den Ausführungen des Oberlandesgerichts Dresden die überwiegende Schuld des Klägers an der Zerrüttung der Ehe begründen lasse, beruhe das angefochtene Urteil nach Auffassung des Generalstaatsanwalts doch vor allem in Folge der Nichtanwendung des § 48 Abs. 2 Satz 2 EheG auf einem Rechtsirrtum. Bei der Auslegung dieser Vorschrift sei davon auszugehen, dass die Aufrechterhaltung einer unheilbar zerrütteten Ehe dem Wesen der Ehe im Allgemeinen nicht entspreche und dass daher eine richtige Würdigung dieses Wesens die

---

[42] Vgl. dazu auch Torsten Reich, Die Kassation in Zivilsachen. Maßnahmeakt oder Rechtsinstitut?; www.rewi.hu-berlin.de/FHI/97_11/reich.htm.
[43] Vgl. RGBl. 1941 I, S. 383 f.
[44] Kurt Schumann, Das Oberste Gericht der Deutschen Demokratischen Republik als Kassationsgericht, in: NJ 4 (1950), S. 240 ff., hier S. 242.
[45] Vgl. Hans Nathan, Zwei Jahre Oberstes Gericht und Oberste Staatsanwaltschaft der Deutschen Demokratischen Republik, in: NJ 5 (1951), S. 544–548, hier S. 545.

Aufrechterhaltung der Ehe nur rechtfertige, wenn im Hinblick auf die Persönlichkeit und das Verhalten beider Ehegatten, ihre wirtschaftliche Lage und ihre sonstigen Umstände die Scheidung als ein vom ethischen Gesichtspunkt aus „völlig untragbares Ergebnis" empfunden werden müsste. Die Beachtung des Widerspruchs bedeute also die absolute Ausnahme.

Davon könne jedoch nicht die Rede sein. Das angefochtene Urteil weise nur auf das fortgeschrittene Alter und die lange Dauer der Ehe hin. Das sei phrasenhaft und lasse deutlich erkennen, dass das angefochtene Urteil in Folge einer völlig ungenügenden Würdigung des Sachverhalts ergangen sei. Die Lebensverhältnisse der Parteien änderten sich durch die Aufrechterhaltung der Ehe nicht, und es sei verfehlt, eine Abspeisung der Beklagten anzunehmen. Diese rein ideelle und unter den heutigen Verhältnissen die soziale Stellung der Beklagten nicht beeinträchtigende Veränderung sei nicht geeignet, die Scheidung als ethisch untragbar zu empfinden. Die Frau gerate vorliegend auch nicht in wirtschaftliche Not, was möglicherweise eine andere Sicht der Dinge begründen könnte, weil sich der Kläger notariell zu Unterhaltszahlungen verpflichtet habe. Die lange Dauer der Ehe sei, für sich allein betrachtet, kein Gesichtspunkt, der die Anwendung des § 48 Abs. 2 Satz 2 ausschließen könne. Es entspreche nicht dem Wesen der Ehe, eine hoffnungslos zerrüttete und seit über zehn Jahren getrennte Lebensgemeinschaft aufrechtzuerhalten. Deshalb könne es keinen Unterschied machen, ob die Ehe vor der Trennung länger oder kürzer bestanden habe. Die Ehedauer könne vielmehr nur im Zusammenhang mit der wirtschaftlichen Versorgung der Frau eine Rolle spielen. Zuletzt führe das Oberlandesgericht Dresden aus, dass sich auf Seiten des Klägers ein beachtlicher Grund für das Scheidungsbegehren nicht finde. Dabei verkenne das Gericht den Sinn des § 48 EheG, der nur auf die tiefgreifende Zerrüttung abstelle und – in der Tat – keine weiteren beachtlichen Gründe fordere. Alles spreche dafür, dass die Aufrechterhaltung der Ehe der Parteien bei richtiger Würdigung ihres Wesens und des gesamten Verhaltens beider Ehegatten sittlich nicht gerechtfertigt sei.

Der Kassationsantrag des Oberstaatsanwalts macht deutlich, dass § 48 EheG nicht nur im Deutschen Reich und in den Westzonen beziehungsweise der Bundesrepublik, sondern auch in der DDR eine rechtspolitisch stark aufgeladene Norm war. Die gesellschaftspolitischen Vorstellungen einer losgelöst von der gesellschaftlichen Realität postulierten Gleichberechtigung der Geschlechter mit wirtschaftlich selbstständiger Stellung der Frau ließen sich kaum durchsetzen, wenn zerrüttete Ehen nicht in aller Regel geschieden wurden.

e) Förderung gesellschaftlicher Ziele und Ideale

Das Oberste Gericht der DDR entschied am 1. Dezember 1950 durch den 1. Zivilsenat, dem auch die Vizepräsidentin Hilde Benjamin angehörte, und hob das Urteil des Oberlandesgerichts Dresden auf[46]. § 48 EheG sei ein Beispiel dafür, wie ein Gesetz gleichen Wortlauts verschiedenen Inhalt gewinnen könne, je nach der Staatsordnung, der es zu dienen habe. Das Gericht sprach damit genau die Frage aus, der hier nachgegangen werden soll. § 48 EheG liege § 55 des Ehegesetzes 1938 zugrunde, der auf eine schon in der Weimarer Zeit erhobene Forderung zurückgehe. In der reichsgerichtlichen Rechtsprechung sei diese Regelung für bevölkerungspolitische Belange eingesetzt worden, was dem Alliierten Kontrollrat beim Erlass des Ehegesetzes 1946 selbstverständlich fern gelegen habe; auch das Oberste Gericht wies also – wie das Oberlandesgericht Freiburg – auf den Kontrollrat als Gesetzgeber hin. Es sei Aufgabe des Obersten Gerichts, vor dem Hintergrund des Art. 30 der Verfassung der DDR, der Ehe und Familie als Grundlagen des Gemeinschaftslebens unter den Schutz des Staates stelle, den Inhalt des § 48 EheG zu ermitteln. Einen derartigen Bezug zum Gemeinschaftsleben haben die Mütter und Väter des Grundgesetzes in Art. 6 Abs. 1 unter Abgrenzung zu einer ähnlichen Formulierung in Art. 119 der Weimarer Reichsverfassung übrigens nicht mehr hergestellt[47].

Das Oberste Gericht stellte es als „ideale Lösung des Ehescheidungsproblems" dar, eine Gesamtabwägung vorzunehmen, bei der allen menschlichen und wirtschaftlichen Interessen der Ehegatten und den Gemeinschaftsinteressen – also auch diesen – weitestgehend Rechnung getragen werde. Davon gehe das geltende Recht jedoch nicht aus. Das Gericht sei vielmehr durch das Kontrollratsgesetz gebunden, das freilich im Sinne der antifaschistisch-demokratischen Ordnung angewendet werden müsse. Leitsatz 1 der Entscheidung des Obersten Gerichts lautete deshalb auch: „Bei der Anwendung des § 48 des Ehegesetzes ist auszugehen von dem Inhalt, den die Ehe in der antifaschistisch-demokratischen Ordnung des neuen Staates hat." Zu-

---

[46] Vollständiges Urteil aus der Akte des LG Leipzig; zum Teil abgedruckt in: Entscheidungen des Obersten Gerichts der Deutschen Demokratischen Republik in Zivilsachen 1/1951, S. 72–81.

[47] Vgl. Löhnig, Evolution, S. 9.

nächst unternahm das Gericht eine traditionelle, der aus dem 19. Jahrhundert überkommenen Methodenlehre entsprechende Auslegung des § 48 EheG: Aus dem Wortlaut des § 48 könne gefolgert werden, dass der Regelfall die Beachtlichkeit des Widerspruchs sei, weil Satz 2 negativ gefasst sei.

Diese Erwägung schob das Gericht jedoch beiseite: Mit „formaler Wortlautinterpretation" könne der heute gültige Inhalt des Gesetzes nicht ermittelt werden. Eine Auffassung, die auch der Mainzer Zivilrechtsprofessor Rudolf Bruns vertreten hatte: Der Wortlaut sei immerhin mehrdeutig und eine systematische Auslegung könne deshalb „nicht die Argumentation mit Wertakzenten ersetzen"[48]. Die Frage, welche „Wertakzente" zu setzen waren, ließ sich freilich recht unterschiedlich beantworten, und so führte das Oberste Gericht der DDR aus, die Rechtsprechung habe noch keine klare Linie gefunden. Insbesondere habe die Rechtsprechung in Westdeutschland keine einheitliche und grundsätzliche Stellungnahme abgegeben, sondern eine unübersichtliche Kasuistik entwickelt. Ursache sei, dass es dort an einer „klar ausgesprochenen weltanschaulichen Grundlage" fehle. Das Gericht zitierte die schon häufiger erwähnte Entscheidung des Obersten Gerichtshofs für die britische Besatzungszone (Freiburger Rechtsprechungslinie) in despektierlicher Weise, weil der OGH einen vermittelnden Weg einschlage, für die Schwierigkeiten im wirtschaftlichen und gesellschaftlichen Leben keine klare Antwort finde und diesen Umstand durch eine ins Einzelne gehende und „Seiten der Kommentare füllende Kasuistik" verschleiere. Zwar hätten auch die Gerichte der DDR noch keine Klarheit gefunden, dieser Aufgabe unterziehe sich jetzt jedoch das Oberste Gericht.

Das Gericht führte dazu zunächst aus, dass Art. 30 der Verfassung die Ehe nicht nur als „individuelle Angelegenheit der Eheleute" sehe; die Ehe habe vielmehr auch „gesellschaftliche Ziele und Ideale zu fördern": die Arbeitsfreude, das ständige Streben zur weiteren persönlichen Entwicklung, die Freude an der Familie. Diese Ziele könnten in einer zerrütteten Ehe nicht erreicht werden; vielmehr habe die Zerrüttung die Zerstörung der Lebensfreude und die Hemmung des Arbeitsenthusiasmus zur Folge. Deshalb könne die Aufrechterhaltung einer unheilbar zerrütteten Ehe grundsätzlich nicht als sittlich ge-

---

[48] Rudolf Bruns, Zur Auslegung des § 48 des Ehegesetzes 1946, in: SJZ 2 (1947), Sp. 651–657, hier Sp. 651 ff.

rechtfertigt angesehen werden. Das Gericht erkannte freilich, dass diese Auslegung im Ergebnis mit derjenigen des Reichsgerichts übereinstimmte, nach Auffassung des Gerichts allerdings nur „scheinbar". Die Ursache für die äußere Übereinstimmung liege darin, dass auch das ehemalige Reichsgericht nicht nur die individuellen Beziehungen der Ehegatten, sondern auch außerpersönliche Umstände betrachtet habe, die das Gericht ihrem Inhalt nach allerdings als typisch nationalsozialistisch ablehnte. Allerdings legte es nicht umfassend offen, welche anderen „außerpersönlichen Umstände" an Stelle der nationalsozialistischen Kriterien anzulegen seien, sondern führte aus, für die Beachtlichkeit eines Widerspruchs müsse vor allem auf die rechtliche Stellung der Frau verwiesen werden, die auf dem Grundsatz der Gleichberechtigung aufgebaut sei. Das Fazit des Obersten Gerichts ist in Leitsatz 4 der Entscheidung nachzulesen: „Grundsätzlich ist eine unheilbar zerrüttete Ehe zu scheiden."

Probleme könnten, so das Oberste Gericht, jedoch bei „alten Ehen" auftreten, wenn die wirtschaftliche Schwäche und Abhängigkeit der Frau nicht berücksichtigt werde, die sie bei einer Scheidung in wirtschaftliche Probleme geraten lassen könne. Das sei der Fall bei langer Mitarbeit im Geschäft des Mannes oder nach dem Aufziehen der Kinder, wenn sich der Mann erst in einem Alter von ihr abwende, in dem sie nicht mehr allein ihren Lebensunterhalt verdienen könne. Das Gericht zitierte in diesem Zusammenhang Ministerpräsident Otto Grotewohl in seiner Begründung zum Gesetz zum Schutz von Mutter und Kind und über die Rechte der Frau, der davor warnte, auf allen Gebieten des ehelichen Lebens den Grundsatz der Gleichberechtigung „überspitzt oder schematisch" anzuwenden. Man dürfe nicht übersehen, dass während der Übergangszeit zahlreiche „ältere Ehen" beständen, in denen die Ehefrau nicht in der Lage sei, einen gleichberechtigten Beitrag zum gemeinsamen Haushalt zu leisten, weil ihr in früheren Zeiten nicht die Möglichkeit einer Berufstätigkeit oder einer beruflichen Ausbildung gegeben worden sei. Dieser Gedanke, so das Gericht, müsse bei der Entscheidung über die Beachtlichkeit des Widerspruchs besonders in Betracht gezogen werden. Deshalb könne eine notarielle Unterhaltsverpflichtung des Mannes dem Widerspruch die Beachtlichkeit nehmen. Bei „älteren Ehen" trete überdies die Berücksichtigung des gesellschaftlichen Faktors zugunsten des individuellen zurück, wobei in bestimmten Fällen ein Interesse der antifaschistisch-demokratischen Gesellschaft an der Aufrechterhaltung einer Ehe bestehen könne, da diese ein leichtfertiges Verhalten zur Ehe verurteile, etwa bei mehrmaliger Scheidung des klagenden Teils. Damit war die Linie der DDR-Rechtsprechung im Bereich des § 48 Abs. 2 Ehegesetz festgelegt. Das Kassationsverfahren, das die Anpassung der Rechtsprechung an gesellschaftspolitische Zielvorgaben der SED gewährleisten sollte, hatte seinen Zweck erfüllt.

Zuletzt kam das Gericht auf den konkreten Fall zurück: Vorliegend habe das Oberlandesgericht übersehen, dass sich durch die Scheidung rein gar nichts an dem seit elf Jahren bestehenden Zustand ändere. Überdies widerspreche es den Grundsätzen der Gleichberechtigung in der Gesellschaft, wenn es einer geschiedenen Frau in irgendeiner Art und Weise gesellschaftlich minderwertig oder diskriminierend ausgelegt werde, geschieden zu sein. Deshalb war die Entscheidung aufzuheben.

f) *Reichsgericht* revisited?

Auch wenn das Oberste Gericht politisch argumentierte, so bediente es sich doch immerhin einer „bürgerlichen" Rechtsanwendungsmethode, nämlich der objektiv-teleologischen Auslegung im Lichte der Verfassung, mit deren Hilfe das Oberste Gericht dem § 48 EheG eine neue Ideologie unterschob. Wesentlich anders sah die Methode der Richter in den Westzonen und der Bundesrepublik allerdings auch nicht aus. In den Westzonen wurden der objektiv-teleologischen Auslegung lediglich andere ideologische Erwägungen zugrundegelegt. Besonders forsches, „anti-bürgerliches" und ergebnisorientiertes Arbeiten einzelner Justizpersonen mag ein Versuch zur Beförderung der eigenen Karriere unter neuen Vorzeichen gewesen sein, das Oberste Gericht hat einer solchen Vorgehensweise jedoch stets eine Absage erteilt.

Im Verfahren 2 R 337/49 hatte beispielsweise das gemeinschaftliche Amtsgericht für den Landgerichtsbezirk Leipzig eine Ehe nach § 48 EheG geschieden. Die Parteien hatten sich 1946 getrennt, allerdings hatte sich der Kläger im März 1949 vorübergehend mit seiner Geliebten überworfen und war für kurze Zeit wieder zu seiner Frau zurückgekehrt. Das Gericht führte zutreffend aus, dass hiernach die Abweisung der Klage erforderlich sei, bevor es dieses offenbar unerwünschte Ergebnis beiseiteschob:

„Aber ein solches formal richtiges Ergebnis steht zu dem Sachverhalt, wie ihn die Beweisaufnahme ergeben hat, in scharfem Widerspruch. Das formal richtige Recht, auf das die Beklagte pocht, wäre kein wirkliches Recht, das der

Sachlage entspräche, sondern nur ein dem Buchstaben richtiges Recht, das mit der wirklichen Sachlage nicht mehr in Einklang steht."

Die Beklagte wolle den Kläger nur in der zur leeren Form gewordenen Ehe festhalten und die Eheschließung des Klägers mit seiner Freundin verhindern, mit der er zwei Kinder hatte. Die Ehe sei deshalb zu scheiden.

Die Arbeitsmethode blieb also einstweilen traditionell, wenngleich nicht übersehen werden darf, dass die Auslegung eines Rechtssatzes im Lichte der Verfassung für uns heute eine Selbstverständlichkeit darstellen mag; für in der Weimarer Republik sozialisierte Juristen, die die Grundrechtsartikel der Weimarer Verfassung nach gängiger Auffassung für bloße Programmsätze hielten, stellte ein derartiger Umgang mit der Verfassung aber ein Novum dar. Übrigens findet sich zeitgleich in westdeutschen Urteilen noch keine derartige Auslegung des Eherechts im Lichte des Grundgesetzes.

In einem späteren Urteil vom 29. Juni 1953 präzisierte das Gericht seinen Standpunkt[49]:

„Nach Art. 30 der Verfassung bilden die Ehe und die Familie die Grundlage des Gemeinschaftslebens. Da aber eine unheilbar zerrüttete Ehe nicht mehr Grundlage des Gemeinschaftslebens sein kann, ist [...] eine solche Ehe grundsätzlich zu scheiden und ein Widerspruch gegen die Scheidung nur zu beachten, wenn dafür besondere Gründe vorliegen und nachgewiesen werden."

Das war erforderlich, weil ein Bezirksgericht trotz Berufung auf die erörterte Leitentscheidung einen Widerspruch der beklagten Ehefrau beachtet hatte, weil „die vom Kläger gezeigte Auffassung über die Ehe, die bei einem Stattgeben des Scheidungsbegehrens anerkannt würde, keinen Schutz verdient". Auf dieser Grundlage war für das Oberste Gericht der DDR ein Widerspruch vermutlich noch seltener zu beachten als für das Reichsgericht, weil der Zusammenhang zwischen Zerrüttung und Gemeinschaftsleben auch für ältere Ehegatten hergestellt werden konnte.

Diese Rechtsprechung mündete dann in die Verordnung über Eheschließung und Eheaufhebung vom 24. November 1955 (genauso dann das Familiengesetzbuch 1965 in § 24 Abs. 1), die in § 8 Abs. 1 regelte, dass eine Ehe nur geschieden werden dürfe (man vermied also die Formulierung „geschieden werden müsse" und gab sich ehetreu), wenn

---

[49] Entscheidungen des Obersten Gerichts der Deutschen Demokratischen Republik in Zivilsachen 2/1952, S. 187 ff.

sie „ihren Sinn für die Ehegatten, die Kinder und damit auch für die Gesellschaft verloren hat"[50]. Dazu erließ das Plenum des Obersten Gerichts am 1. Juli 1957 auf Grundlage des § 58 Gerichtsverfassungsgesetz der DDR eine Richtlinie, weil die Untergerichte offenbar noch immer nicht zu einer systemkonformen Rechtsprechung gelangt waren[51] – ein Problem, das vor 1945 auf Grundlage der Rechtsprechung des IV. Zivilsenats des Reichsgerichts übrigens ebenfalls bestanden und dem man mit Hilfe von „Richterbriefen" Herr zu werden versucht hatte. Dieses Verhalten gefährde, so die Einleitung dieser Richtlinie, „unsere gesellschaftliche Entwicklung", weshalb über die Rechtsprechung hinaus die Gerichte angewiesen wurden, eine umfassende Betrachtung der einzelnen Ehe vorzunehmen, um ihre persönliche und gesellschaftliche Wertlosigkeit zu bejahen oder zu verneinen. Auch das Reichsgericht hatte gefordert, von Amts wegen alle Gesichtspunkte für eine Einzelfallbewertung nach Gemeinschaftsmaßstäben zu ermitteln.

4. Zusammenfassung

Die Rechtsprechung der Gerichte aus Dresden, Leipzig, Nürnberg und Amberg zu § 48 EheG war bis zum Ergehen entsprechender obergerichtlicher Leitentscheidungen recht uneinheitlich und hing ganz ersichtlich auch von den beteiligten Richtern ab. Hans Nathan hatte also Recht: Wenn ein Gesetzgeber darauf abstellt, ob die Aufrechterhaltung der Ehe „sittlich gerechtfertigt" sei, so löst er damit das Problem des Widerspruchs gegen die Zerrüttungsscheidung gerade nicht. Von einer unreflektierten Fortsetzung der Reichsgerichtsrechtsprechung, die den Widerspruch des beklagten Ehegatten in aller Regel nicht beachtete, bis hin zur Gegenposition der Beachtlichkeit des Widerspruchs als Regel wurden verschiedene Lösungen vertreten, in der Regel auch an ein und demselben Gericht.

Die Auswertung der Aktenbestände aus Dresden und Leipzig führt die Unsicherheit der Richter ebenso deutlich vor Augen wie die Unwilligkeit vieler Richter, sich ohne Weiteres auf neue ideologische Argumente einzulassen. Einige Entscheidungen enthalten bekannte Argumente, etwa das Alter der Beklagten, die Dauer der Ehe oder die Anzahl der Schwangerschaften. Teils wich man einer Entscheidung zu § 48 Abs. 2 Satz 2 EheG einfach aus, indem man mit Gewalt das

[50] GBl. 1955 I, S. 849.
[51] GBl. 1957 II, S. 235.

überwiegende Verschulden des Klägers an der Zerrüttung der Ehe verneinte und den Widerspruch auf diese Weise unbeachtlich machte. Teilweise findet sich auch eine sehr restriktive Handhabung des § 48 EheG, wenn das Landgericht Leipzig im Verfahren 7 R 255/49 die Klage abwies, weil die Legalisierung einer außerehelichen Beziehung nicht erstrebenswert sei. Teils rezipierte man die Freiburger Linie einer Abwägung aller ehebezogenen Umstände für den Einzelfall. In anderen Entscheidungen schienen hingegen bereits schnell die neuen Argumentationslinien auf, die auch die Entscheidung des Obersten Gerichts der DDR speisten, nämlich gemeinschaftsbezogene Kriterien wie die Schaffenskraft und Arbeitsfreude des Klägers. In anderen Fällen versuchten die Gerichte, die Parteien zu einem „Kuhhandel" zu bewegen, also zum Verzicht auf den Widerspruch gegen notariell beurkundete Unterhaltsverpflichtung.

In Amberg und Nürnberg bietet sich ein ähnlich disparates Bild, wenngleich sich vor allem in der Nürnberger Rechtsprechung schneller bestimmte Linien herauskristallisierten: Bereits in der ersten Nachkriegssache 1 R 3/46, über die im Herbst 1946 entschieden wurde, nannte Landgerichtsdirektor Hermann Söllner die beiden Begründungsstränge, die die Nachkriegsrechtsprechung in Nürnberg prägen sollten: die Frage der Versorgung der Ehefrau nach einer möglichen Scheidung und die moralische Wertung des Geschehens, hier die moralische Verurteilung des untreuen Mannes. Das Oberlandesgericht Nürnberg als Revisionsgericht sah keine grundsätzlichen Rechtsfragen betroffen, obschon sich diese Rechtsprechung von der Rechtsprechung bis 1945 grundlegend unterschied, und lehnte zweimal eine Überprüfung derartiger Entscheidungen aus dem Jahr 1946 ab, obschon die Bandbreite der Entscheidungen erstaunlich war: Im Verfahren 3 R 678/46 hatte das Landgericht beispielsweise die Ehe von Parteien, die schon neun Jahre getrennt gelebt hatten, in Anlehnung an die NS-Diktion als „Krankheitsherd" bezeichnet und geschieden. Die Versorgung der geschiedenen Ehefrau über einen vom Gericht vermittelten „Kuhhandel" wurde nicht erwogen, so dass auch eine kinderlose Kriegsehe zweier junger Partner zur lebenslangen Versorgungsanstalt für die gesunde und arbeitsfähige Ehefrau wurde. Die Reichsgerichtsregel wurde also umgekehrt, und der Widerspruch war nun grundsätzlich beachtlich. Es mussten ganz außergewöhnliche Gründe für eine Nichtbeachtung des Widerspruchs vorgetragen werden, denn im Grundsatz war die Aufrechterhaltung der Ehe sittlich geboten; hier scheinen protestantische Wertvorstellungen transportiert zu werden, die eine Scheidung ohne Verschulden des Beklagten nicht zuließen. Das Bayerische Oberste Landesgericht bekräftigte in einer grundlegenden Entscheidung aus dem März 1949 letztlich die Auffassung, dass der Widerspruch grundsätzlich zu beachten sei.

Das kleinere Landgericht Amberg ging demgegenüber – anders als das Landgericht Nürnberg-Fürth und die obergerichtliche Nachkriegsrechtsprechung – zunächst nicht von einer grundsätzlichen Beachtlichkeit des Widerspruchs aus. Die quantitative Analyse zeigt, dass in der überwiegenden Anzahl der Fälle ein Widerspruch für unbeachtlich gehalten wurde. Bei den 1946 erhobenen Verfahren fällt weiter auf, dass sie in der Argumentation recht zurückhaltend waren. So wurden zum Beispiel in keinem Verfahren eingehendere Erwägungen darüber angestellt, wann ein Widerspruch grundsätzlich beachtlich sein sollte und wann nicht. Erst in den Begründungen der Entscheidungen zu Verfahren, die ab 1947 eingeleitet wurden, setzte sich das Landgericht zunehmend mit dieser Frage auseinander. Allerdings blieb die Rechtsprechung innerhalb des Gerichts bis 1949 uneinheitlich[52].

Allerdings wird aus den Eheakten hier wie dort auch deutlich, dass die Zerrüttungsscheidung, die im frühen 20. Jahrhundert Bestandteil eines liberalen europäischen Diskurses war, den die Nationalsozialisten für bevölkerungspolitische Ziele geschickt instrumentalisiert hatten, nach 1945 nur für ganz kurze Zeit – vor allem im Jahr 1947 – in diesen liberalen Kontext gestellt wurde. Nur aus dieser Zeit finden sich in allen untersuchten Beständen Akten, in denen die Ehe als Privatangelegenheit der Ehegatten erscheint; die Entscheidung für oder gegen die Beachtlichkeit des Widerspruchs stützte sich allein auf Gründe, die sich unmittelbar aus der streitgegenständlichen Ehe ergaben.

Anschließend erfolgte im Osten wie im Westen eine Re-Ideologisierung der Debatte über die Zerrüttungsscheidung. In Ostdeutschland wurde unter Bezugnahme auf Art. 30 der DDR-Verfassung der Gemeinschaftsbezug der Ehe betont, der Wert einer zerrütteten Ehe vor allem an Gemeinschaftsinteressen gemessen und die Lähmung der klagenden Ehemänner durch zerrüttete Ehen betont, die den Enthusiasmus beim

---

[52] Vgl. hierzu Birndorfer, Prozessalltag, S. 293 ff.

sozialistischen Neuaufbau bremsen könnte. Zweiter verfassungsrechtlicher Fixpunkt war die Gleichberechtigung von Frauen und Männern, die es als Verstoß gegen die Menschenwürde der Frau erscheinen ließ, eine Ehe aufrechtzuerhalten, damit die Frau lebenslang versorgt sei. Zerrüttete Ehen waren deshalb zu scheiden, die geschiedene Frau hatte wirtschaftlich auf eigenen Beinen zu stehen. Die Rechtsprechung in der SBZ/DDR gelangte damit im Ergebnis zur gleichen Regel wie das Reichsgericht: Die Beachtung des Widerspruchs der beklagten Frau wurde zur Ausnahme, die noch enger gefasst worden sein dürfte als vom Reichsgericht; ältere Ehefrauen wurden durch einen richterlich vermittelten Tausch des Widerspruchsrechts gegen eine notarielle Unterhaltsverpflichtung geschützt. Die zügige Ehescheidung war damit ein Instrument des gesellschaftlichen Umbaus in der DDR hin zu einer wirtschaftlichen Selbständigkeit und Berufstätigkeit beider Ehegatten, die der Gleichberechtigung ebenso diente, wie der Nutzung der weiblichen Arbeitskraft für den wirtschaftlichen Neuaufbau und der Schwächung des Familienverbands.

Im Westen hingegen begann der Weg in die „Versorgungsehe", die in der DDR abgelehnt wurde. Zwar setzte sich die Lösung einer Abwägung aller für und gegen die Aufrechterhaltung der Ehe sprechenden Gesichtspunkte durch, diese Gesichtspunkte wurden jedoch religiös-weltanschaulich aufgeladen, so dass man von der Grundregel der Unauflösbarkeit der Ehe ausging und nur ganz erhebliche Gründe ausnahmsweise gegen die Beachtlichkeit des Widerspruchs ins Feld geführt werden konnten. Hatte eine Frau geheiratet, so konnte sie sich also – eigenes ehetreues Verhalten vorausgesetzt – schon nach kürzester Ehedauer sicher sein, ein Recht auf lebenslange Versorgung erworben zu haben. Verdiente der Ehemann ausreichend, so bestand für die Ehefrau keine Veranlassung, eine Erwerbstätigkeit aufzunehmen, denn sie musste keinen wirtschaftlichen Abstieg durch Scheidung fürchten; freilich wurde sie wirtschaftlich abhängig von ihrem Gatten, der sich im Gegensatz zu ihr nicht ehetreu verhalten musste. Das Aufgabenfeld der Ehefrau konnte sich allein auf die Führung des Haushalts und die Kindererziehung beschränken. Auch im Westen war die Zerrüttungsscheidung, besser gesagt: deren faktische Abschaffung, ein Mittel des gesellschaftlichen Umbaus hin zur Hausfrauenehe mit einer klaren Rollenzuweisung an Mann und Frau.

III. Ehelichkeitsanfechtung durch den Staatsanwalt

1. Rechtsgrundlagen

§ 1595a BGB betrifft die Geltendmachung der Unehelichkeit eines Kindes. Das Bürgerliche Gesetzbuch sah den Ehemann der Mutter als Kindesvater von Rechts wegen und das Kind als ehelich an, wenn das Kind „nach Eingehung der Ehe geboren wird" (§ 1591 Abs. 1 Satz 1 BGB 1900). Die Ehelichkeit des Kindes konnte nur vom Ehemann angefochten werden, und zwar nur innerhalb einer Jahresfrist ab Kenntnis des Ehemanns von der Geburt des Kindes (§ 1594 Satz 1 BGB 1900). Eine erfolgreiche Anfechtung hatte zur Folge, dass die von Rechts wegen bestehende Vaterschaft des Ehemanns entfiel und das Kind den Status eines unehelichen Kindes erhielt. Allein der *pater familias* bestimmte also, ob ein Kind, das einem Ehebruch seiner Frau entstammte, in die Familie aufgenommen werden sollte oder nicht. Doch dieses Bestimmungsrecht war recht schwach ausgeprägt, denn bereits das Interesse des einjährigen Kindes an der Stabilität seines Status wurde vom Gesetzgeber stärker als das Bestimmungsrecht des Ehemanns gewichtet.

Durch das „Gesetz über die Änderung und Ergänzung familienrechtlicher Vorschriften und über die Rechtsstellung der Staatenlosen" von 1938 wurde § 1595a in das Bürgerliche Gesetzbuch eingefügt[1]. Danach konnte neben dem Ehemann der Mutter auch der Oberstaatsanwalt die Ehelichkeit eines Kindes anfechten. Voraussetzungen waren, dass erstens der Ehemann die Anfechtungsfrist hatte verstreichen lassen, verstorben oder unbekannten Aufenthalts war und dass zweitens die Anfechtung im öffentlichen Interesse oder im Interesse des Kindes geboten war. 1943 wurde § 1595a BGB 1938 durch die „Verordnung über die Angleichung familienrechtlicher Vorschriften" noch einmal verändert[2]. Die Anfechtung durch den Oberstaatsanwalt war nun nicht mehr nur im öffentlichen Interesse oder im Interesse des Kindes, sondern auch im Interesse der Nachkommenschaft des Kindes möglich (§ 1595a BGB 1943).

§ 1595a BGB 1938/43 knüpfte an Reformpostulate aus der Weimarer Zeit an, denn Kinder sollten in eine neue Ehe der Mutter mit dem

[1] Vgl. RGBl. 1938 I, S. 380–384.
[2] Vgl. RGBl. 1943 I, S. 80–84.

biologischen Vater integriert werden können, auch wenn der gegenwärtige Ehemann der Mutter und rechtliche Vater, dem allein das Anfechtungsrecht zustand, dieses nicht ausüben wollte oder konnte. Entscheidend war jedoch, dass die Norm ausweislich der Gesetzesbegründung sicherstellen sollte, dass dem nationalsozialistischen Staat die Letztentscheidungskompetenz über die „Sippenzugehörigkeit" und vor allem über die „rassische Einordnung" eines Kindes zukam[3]. Der Gesetzgeber ging davon aus, dass Fälle, in denen das öffentliche Interesse nicht berührt sei, aus erb- und rassepflegerischen Gründen selten sein dürften: „Vorwiegend hat sie [die Anfechtung] den Zweck, die blutmäßige Abstammung des Kindes zu offenbaren." Die Ehe dürfe nicht zur Verschleierung der wirklichen Herkunft eines Kindes missbraucht werden.

„Bei der Bedeutung, die der Rassen- und Sippenzugehörigkeit eines Menschen nach nationalsozialistischer Auffassung zukommt, muß das Interesse an einer möglichst frühzeitigen und endgültigen Festlegung des Familienstandes hinter das öffentliche Interesse an einer Klarstellung der wirklichen Abstammung zurücktreten."[4]

Ähnlich hatten bereits Ausschussmitglieder der Akademie für Deutsches Recht argumentiert: Der Staat müsse im rassebiologischen Sinne „die Bevölkerung rein [...] halten"[5], es handle sich beim deutschen Volk um „eine Blutgenossenschaft, die sich gegenüber dem Judentum absondert"[6].

An § 1595a BGB wird der Wechsel von einem bürgerlich-liberalen zu einem totalitären Familienbild beispielhaft deutlich. Früher hatte allein der Vater bestimmt, wer zur Familie gehörte. Dieses Recht wurde 1938 sogar ausgeweitet. In § 1594 BGB wurde nämlich als auslösendes Ereignis für die einjährige Anfechtungsfrist des Mannes die Kenntnis

---

[3] Eingehend dazu Löhnig, Ehelichkeitsanfechtung, S. 323 ff.
[4] Begründung bei Franz Maßfeller, Das Gesetz über die Änderung und Ergänzung familienrechtlicher Vorschriften und über die Rechtsstellung von Staatenlosen vom 12. April 1938, in: JW (67) 1938, S. 1217–1223, hier S. 1217 und S. 1219. Genauso etwa Art. 5 Familienrechtsänderungsgesetz 1938, der vor allem bei „Rasseverschiedenheit" eine Aufhebung von Adoptionen durch die höhere Verwaltungsbehörde vorsah; vgl. Begründung in: DJ 1938, S. 619 ff.
[5] Günther in: Akademie für Deutsches Recht 1933–1945. Protokolle der Ausschüsse, hrsg. von Werner Schubert, Werner Schmid und Jürgen Regge, Bd. III/2: Familienrechtsausschuß. Unterausschuß für eheliches Güterrecht, Berlin/New York 1989, S. 379.
[6] Olczewski in: ebenda, S. 382.

von der Geburt durch die Kenntnis von Umständen ersetzt, die für die Unehelichkeit des Kindes sprechen. Der Ehemann sollte auf die Interessen eines nicht „sippenzugehörigen" Kindes an der Festlegung seines Status keine Rücksicht nehmen müssen, falls er etwa „bemerkt, daß sein ehelicher Sohn mit den Jahren immer jüdischer aussieht"[7]. Der *pater familias* war jedoch in seiner Entscheidung nicht frei, sondern pflichtgebunden. Sorgte er entgegen den Vorgaben der NS-Ideologie nicht für eine Klarstellung der Abstammungsverhältnisse, so griff „Vater Staat" aus höherrangigen Gemeinwohlgründen in die Familie ein und löste das Eltern-Kind-Verhältnis auch gegen den Willen des Ehemanns auf. „In Rassefragen gibt es hier keine Grenze."[8] Es ging dem Gesetzgeber also allein um die Durchsetzung der Gestaltungsgrundsätze, die „Bluterbe und Rasse im nationalsozialistischen Weltbild eindeutig vorgezeichnet" hatten[9]. Positive Nebeneffekte für einen der Beteiligten, für die in der Literatur zum Teil in blutideologischer Verpackung geworben wurde[10], nahm man in Kauf, erstrebte sie aber nicht. Ehe und Familie dienten nicht der Verwirklichung individueller Interessen, sondern waren „Grundlage völkischen Gemeinschaftslebens", die „kleinste Zelle völkischen Lebens"[11], und damit Teil einer Gesamtordnung. Trotzdem zeigt sich auch an der Reform des Anfechtungsrechts die Janusköpfigkeit des NS-Rechts: Liberale Reformpostulate aus der Weimarer Zeit wurden erfüllt und gleichzeitig in den Dienst der NS-Ideologie gestellt.

Die Gerichte waren nach § 1595a BGB nicht dazu befugt, die Entscheidung der Oberstaatsanwaltschaft über das Vorliegen des öffentlichen Interesses oder des Kindesinteresses an der Ehelichkeitsanfechtung zu prüfen. Erhob die Oberstaatsanwaltschaft Ehelichkeitsanfechtungsklage, so war dieser Klage stattzugeben, wenn das eingeholte Abstammungsgutachten ergab, dass das Kind nicht vom Ehemann der Mutter abstammte. Die Entscheidung über den Umgang mit dem neuen Ehelichkeitsanfechtungsrecht lag damit allein in den

---

[7] C.G. Meinhof, Rasse und Recht, in: JW 64 (1935), S. 3072–3080, hier S. 3079.
[8] Ballarin in: Akademie für Deutsches Recht. Protokolle der Ausschüsse, Bd. III/2, S. 370.
[9] Franz Wieacker, Geschichtliche Ausgangspunkte der Ehereform, in: DR 7 (1937), S. 178–184, hier S. 178 und S. 182.
[10] Vgl. Dickhuth-Harrach, Gerechtigkeit, S. 210, und Genthin Pyrkosch, Zur Reform des Rechts der unehelichen Kinder, in: DR 4 (1934), S. 161f.
[11] So die Begründung zum Ehegesetz von 1938 in: DJ 1938, S. 1102.

Händen der Oberstaatsanwaltschaft, die freilich an die Weisungen des Reichsjustizministeriums gebunden war, so dass sich der Umgang mit § 1595a BGB letztlich allein nach (rechts-)politischen Gesichtspunkten bestimmte. Trotzdem steht zu vermuten, dass § 1595a BGB seltener zur Verfolgung rassepolitischer Zwecke als vielmehr in Fällen eingesetzt worden sein dürfte, in denen der Ehemann der Mutter die Ehelichkeit eines Kindes bewusst oder aus Nachlässigkeit nicht angefochten hatte[12]. Überdies scheint in Einzelfällen über § 1595a BGB auch die „Arisierung" einzelner Menschen gelungen zu sein, so dass sich die Norm von wohlmeinenden Staatsanwälten und Richtern entgegen der gesetzgeberischen Intention gerade auch als Instrument zur Rettung von „nicht arischen" Kindern einsetzen ließ.

Ein Verfahren, das einen derartigen Hintergrund vermuten lässt, findet sich im Aktenbestand des Landgerichts Mosbach[13]. Im Verfahren R 21/44, in dem die staatsanwaltschaftliche Ermittlungen unter dem Aktenzeichen Hs 10/42 bereits 1942 aufgenommen worden waren, sollte die Ehelichkeit der am 21. September 1919 geborenen Beklagten angefochten werden, deren im Jahr 1942 verstorbener gesetzlicher Vater „Volljude" war. Aus den Akten geht hervor, dass seitens der Staatsanwaltschaft – was durchaus untypisch ist – ein Blutgruppengutachten und ein erbbiologisches Gutachten eingeholt wurden, um die Abstammungsverhältnisse der Beklagten aufklären zu können. Danach zeigte die Beklagte nach ihrem ganzen Äußeren „keineswegs einen jüdischen Einschlag", sondern mache durchaus den „Eindruck einer Arierin"[14]. Das Gericht stellte aufgrund dieser Gutachten nach einer Verfahrensdauer von weniger als vier Wochen die Unehelichkeit der Beklagten fest. Nach 1945 sprach die Beklagte beim Landgericht Mosbach vor und fragte an, ob sie gegen das Urteil etwas unternehmen könne.

Auf einer ähnlichen Konstellation könnte ein Verfahren des Landgericht Stuttgart (13 Hs 38/43, 8 R 190/43) beruhen[15]. Der Staatsanwalt legte in der Klageschrift dar, der Beklagte leide darunter, dass er „formell rechtlich als Sohn eines Juden gilt, während er tatsächlich der Sohn eines Ariers und einer arischen Mutter ist". Das Verfahren zog

---

[12] Vgl. Nachrichtendienst der Vereins für die öffentliche und private Fürsorge 1948, S. 104 f.
[13] Vgl. dazu umfassend Pruksch, Ehelichkeitsanfechtung, hier Punkt 2.2.7.2.
[14] Aktenbestand des Landgerichts Mosbach, R 21/44, AS 8.
[15] Vgl. Pruksch, Ehelichkeitsanfechtung, Punkt 2.1.1.8.1.

sich in die Länge, so dass es im Mai 1945 noch nicht beendet war. Die Akte enthält die Abschrift eines Schreibens des vorsitzenden Richters vom 4. Oktober 1945, in dem um Mitteilung gebeten wird, „ob wegen der veränderten Verhältnisse der Rechtsstreit weiter geführt werden soll, weil die Klage wohl erhoben wurde, da der Vater des Beklagten Jude ist". Weitere Verfügungen oder ein Urteil befinden sich aber nicht in der Akte, woraus sich schließen lässt, dass auch der Beklagte kein Interesse an der Fortführung des Verfahrens hatte.

Der Alliierte Kontrollrat hob § 1595a BGB 1938/43 (im Folgenden § 1595a BGB) trotz der eindeutig rassepolitischen Gesetzesbegründung nicht auf. Trotzdem waren sich die Akteure nach 1945 keineswegs im Klaren darüber, ob die Norm weiterhin angewendet werden konnte. So erfragte der Generalstaatsanwalt am Oberlandesgericht München am 4. März 1946 beim bayerischen Staatsministerium der Justiz an, wie mit § 1595a BGB umzugehen sei[16]. Nach der Begründung zur Novelle von 1938 sei das öffentliche Interesse in erster Linie wegen der Klarstellung der einwandfreien blutmäßigen Abstammung des Kindes begründet gewesen, was mit Beseitigung der nationalsozialistischen Rassepolitik nicht mehr in Betracht komme. Trotz des Wegfalls der Rassepolitik könne für das Kind, die Mutter und den leiblichen Vater ein ernstliches Interesse an der Feststellung der Abstammung gegeben sein. Der Generalstaatsanwalt bat deshalb um Mitteilung, ob Bedenken gegen die weitere Anwendung dieser Vorschrift in solch neutralen, also nicht rassepolitisch motivierten Fällen bestünden. Er selbst gehe davon aus, dass an und für sich nichts gegen die Ausübung des staatsanwaltschaftlichen Anfechtungsrechts spreche. Unter dem 26. April 1946 antwortete Staatssekretär Hans Ehard, der einige Monate später zum bayerischen Ministerpräsidenten gewählt werden sollte, und gab sein Schreiben nachrichtlich auch an die Generalstaatsanwälte in Nürnberg und Bamberg weiter[17]. Nach seiner Auffassung sprachen gegen die weitere Anwendung des § 1595a BGB keine grundsätzlichen Bedenken, da auch heute Fälle denkbar seien, in denen ein öffentliches Interesse oder Kindesinteresse an der Anfechtung unabhängig vom Recht des Ehemanns gegeben sei.

---

[16] Das Schreiben findet sich in den Akten des bayerischen Justizministeriums zu § 1595a BGB.
[17] Auch dieses Schreiben findet sich in den Akten des bayerischen Justizministeriums zu § 1595a BGB.

In der britischen Besatzungszone nahm das Oberlandesgericht Hamburg in einem Urteil vom 17. September 1948 (1 U 232/48) ausdrücklich zur Frage der Fortgeltung des § 1595a BGB Stellung. Zwar hätten rassepolitische Erwägungen bei Schaffung der Norm eine Rolle gespielt, dies spreche jedoch nicht entscheidend gegen ihre Fortgeltung. Es komme nicht darauf an, aus welchen Gründen das Gesetz geschaffen und vor 1945 angewendet worden sei, sondern nur darauf, ob die Norm auch mit den heutigen Grundsätzen vereinbar sei, und zwar nach ihrer allein aus dem Text zu entnehmenden klaren Bedeutung. Die historische Auslegung der Norm nach ihrem Entstehungszusammenhang interessierte das Gericht also nicht; es betrieb genauso „unbegrenzte Auslegung" wie die Gerichte nach 1933 im Umgang mit Normen aus der Zeit zuvor[18]. Die angebliche „Unschuld des Wortlautes" wurde hier wie in zahlreichen anderen Fällen mit der Behauptung begründet, dass sich Gesetze nach ihrem Erlass gleichsam vom Gesetzgeber lösten und ein Eigenleben führten[19]. Freilich sind Gesetze in dieser Hinsicht (wie in vielerlei anderer Hinsicht auch) gerade nicht mit literarischen Schöpfungen zu vergleichen, die sich in der Tat von ihrem Autor und seinen Intentionen lösen können und deren Reiz zuweilen gerade darin besteht, klüger als ihr Autor zu sein. Der Gesetzgeber ist nämlich nicht nur Autor eines Texts, sondern er allein ist es, der gemäß der Verfassung die einer Norm zugrundeliegende Wertung vorzunehmen hat, welche die Maßstäbe für die Interpretation vorgibt. Mit seiner Beschränkung auf „Wortlaut und Inhalt" unter Ablösung vom historischen Entstehungszusammenhang stand das Gericht freilich nicht allein. Ähnliches hatte auch das Kammergericht in einem Urteil vom 1. August 1948 ausgeführt und brachte dabei eine Formulierung, die sich fast wortgleich auch in der Literatur häufig findet:

„Für die Entscheidung der Frage, ob ein Gesetz als Nazigesetz nicht mehr anzuwenden ist, kann nicht ausschlaggebend sein, aus welchen Gründen dieses Gesetz seinerzeit erlassen wurde oder in welcher Weise es während der Naziherrschaft angewandt wurde. Maßgebend ist vielmehr, wie das Gesetz nach seinem Wortlaut und Inhalt heute anzuwenden ist."[20]

Freilich gab Art. III Nr. 6 des Gesetzes Nr. 1 der amerikanischen Militärregierung den deutschen Gerichten diesen Weg vor, denn Normen aus

---

[18] Vgl. dazu eingehend Rüthers, Auslegung.
[19] Vgl. Etzel, Aufhebung, S. 200.
[20] KG 2. ZS, Urteil vom 1.8.1947 – 2U 66/47/26, in: NJW 1 (1947/48), S. 388 f., hier S. 388.

der NS-Zeit, die durch dieses Gesetz nicht außer Kraft gesetzt wurden, „shall be interpreted and applied in accordance with the plain meaning of the text and without regard to objectives or meanings ascribes in preambles or other pronouncements". Gesetz Nr. 1 übertrug damit die Rechtsanwendung nach der „plain meaning rule" oder „literal rule" nach Deutschland[21].

Erst das 1961 erlassene Familienrechtsänderungsgesetz schaffte zum 1. Januar 1962 das Ehelichkeitsanfechtungsrecht des Oberstaatsanwalts wieder ab. Neu eingeführt wurde dafür ein Anfechtungsrecht der Eltern eines Ehemanns, der bis zu seinem Tode keine Kenntnis von der Geburt des Kindes seiner Ehefrau hatte (§ 1595a), und ein auf bestimmte Fälle beschränktes Anfechtungsrecht des Kindes selbst (§ 1596). Beibehalten wurde die Anknüpfung der – nunmehr sogar auf zwei Jahre verlängerten – Anfechtungsfrist des Ehemanns an die Kenntnis von Verdachtsmomenten (§ 1594). Die Stärkung des – freilich nun nicht mehr pflichtgebundenen – Bestimmungsrechts des Ehemanns auf Kosten der Stabilität des kindlichen Status wurde also sogar noch betont. In Österreich übrigens, wo man das in Deutschland geltende Ehelichkeitsanfechtungsrecht 1943 mit §§ 156 ff. des Allgemeinen Bürgerlichen Gesetzbuchs eingeführt hatte, galt das Anfechtungsrecht des Oberstaatsanwalts bis 2004. Der Verfassungsgerichtshof erklärte diese Bestimmung erst dann wegen Verstoßes gegen Art. 8 der Europäischen Menschenrechtskonvention für verfassungswidrig[22]. In der Bundesrepublik schuf der Gesetzgeber dagegen nur wenig später erneut eine staatliche Befugnis zur Vaterschaftsanfechtung (§ 1600 Abs. 1 Nr. 5 BGB), die missbräuchlichen Vaterschaftsanerkennungen vorbeugen sollte, freilich vor dem Hintergrund des Staatsangehörigkeits- und Aufenthaltsrechts; diese Regelung wurde jedoch vom Bundesverfassungsgericht[23] für verfassungswidrig und nichtig erklärt.

---

[21] Vgl. S. 11 der vorliegenden Studie.
[22] Verfassungsgerichtshof, Erkenntnis vom 28.6.2003 – G 78/00, in: Ausgewählte Entscheidungen des Verfassungsgerichtshofes (VfSlg) 16928/2003.
[23] Bundesverfassungsgericht, 1. Senat, Beschluss vom 17.12.2013 – 1 BvL 6/10, in: NJW 67 (2014), S. 1364–1373.

2. Die Rechtsentwicklung in der amerikanischen Besatzungszone

a) *Ein beflissener Ministerialrat: die bayerische Leitentscheidung*

Auch die Rechtsentwicklung im Bereich des § 1595a BGB soll im Folgenden anhand von Leitentscheidungen dargestellt werden. Diese Leitentscheidungen sind jedoch nicht Gerichts-, sondern politische Entscheidungen. Nach gängiger Auffassung hatten die Landgerichte keine eigene Befugnis, das Vorliegen des von der klägerischen Staatsanwaltschaft angenommenen öffentlichen Interesses oder Kindesinteresses zu überprüfen, sondern mussten der Ehelichkeitsanfechtungsklage stattgeben, wenn der Nachweis erbracht war, dass das beklagte Kind nicht vom Ehemann der Mutter abstammte. Die Staatsanwaltschaft ist jedoch in ihrer Entscheidung über die Klageerhebung nicht frei. Es ist eine Eigenheit deutscher Rechtskultur, dass die Staatsanwaltschaft weisungsgebunden ist, ein Staatsanwalt also anders als ein Richter nicht sachlich und persönlich unabhängig ist. Für die amerikanische Besatzungszone werden die Auswirkungen der politischen Entscheidungen exemplarisch anhand von Akten aus Amberg in der Oberpfalz, Mosbach und Stuttgart beleuchtet.

Den Anstoß zur Entwicklung von Leitlinien in Bayern gab das Evangelisch-Lutherische Landeskirchenamt. Die Kirche hatte bei der Erfüllung ihrer caritativen Aufgaben ganz offensichtlich unzählige Kinder mit ungeklärter Elternschaft zu betreuen und bat das bayerische Justizministerium um Stellungnahme, wie die Justiz künftig mit dem staatsanwaltschaftlichen Anfechtungsrecht zu verfahren gedenke, das häufig auf Veranlassung von Trägern der Wohlfahrtspflege zum Tragen kam. Das Ministerium betraute Ministerialrat Michael Guggumos mit dieser Angelegenheit[24], der zunächst Stellungnahmen der drei

---

[24] Über Ministerialrat Guggumos lässt sich ansonsten wenig in Erfahrung bringen. Als Spitzenjurist trat er, zeitlebens ledig, kinderlos und kränklich, in den Staatsdienst ein. 1930 lehnte er, wie sich aus seiner Personalakte ergibt, eine Beförderung unter Hinweis auf seinen Gesundheitszustand ab. In der NS-Zeit war er unauffällig, auch sein Entnazifizierungsverfahren überstand er gut, so dass er bereits im Juli 1945 wieder in der Justiz Verwendung finden konnte und dabei einen deutlichen Karrieresprung machte. Seine weltanschauliche Verortung bleibt unklar; auch die Frage lässt sich nicht klären, ob Guggumos in dem Aufsatz und der Auseinandersetzung mit den Kollegen aus den anderen Ländern und

bayerischen Generalstaatsanwälte einholte. Guggumos veröffentlichte kurze Zeit später auch einen Aufsatz zu Fragen des § 1595a BGB und beeinflusste in den Folgejahren maßgeblich die Handhabung dieses Paragraphen zunächst in Bayern und später auch über den Freistaat hinaus.

Guggumos führte § 1595a auf „altes deutsches Recht" zurück. Belanglos sei, dass die „nationalsozialistischen Rechtswahrer [sic!] das staatsanwaltschaftliche Anfechtungsrecht [...] manchmal zu partei- und rassepolitischen Zwecken mißbraucht" hätten – eine durchaus kontroverse Sichtweise angesichts der oben geschilderten Normgeschichte. Guggumos führte zudem aus, das Recht auf Klarstellung des Familienstands gehöre zu den Grundrechten eines jeden Menschen. Deshalb erfordere es die Würde der menschlichen Persönlichkeit, dass ihre „Abstammung in jedem nur möglichen Falle gerichtlich festgestellt" werde[25]. Es sei – so Guggumos an anderer Stelle – „nach wie vor Aufgabe des Staates [...], den Beteiligten bei Klarstellung des Familienstandes in jeder Weise zu dienen"[26]. Hier finden wir einen frühen Beleg für die nach 1945 entstandene und bis heute vorherrschende Mode, den Biologismus aus dunkler Zeit auf grundrechtlichem Fundament im Familienrecht weiterbetreiben zu können. Ein größeres Übel als die Unehelichkeit sei die „Unwahrheit und Doppelgesichtigkeit, die dem Scheinehelichen anhaftet, zumal wenn diese Maske wie bei dem scheinehelichen Kinde eines vermißten Kriegsteilnehmers offen zur Schau getragen wird". Dass die Art. 124 ff. der bayerischen Verfassung die Familie vor staatlichen Eingriffen schützen[27], zog Guggumos nicht in Betracht, vermutlich weil er nicht davon ausging, es in derartigen Fällen mit Familien zu tun zu haben.

Für seine „heutige Auffassung zum Wesen der menschlichen Persönlichkeit" zitierte Guggumos nur Literatur aus den Jahren 1933 bis

---

der Besatzungsmacht seine Privatmeinung vertrat oder die Meinung eines Dienstvorgesetzten. Bei einem pflichtbewussten Ministerialjuristen spricht einiges für die zweite Deutung.

[25] Michael Guggumos, Die Anfechtung der Ehelichkeit durch den Staatsanwalt, in: SJZ 3 (1948), Sp. 247f., hier Sp. 248.

[26] Michael Guggumos, Bemerkung zu KG 2. ZS, Urteil vom 1.8.1947 – 2U 66/47/26, in: NJW 1 (1947/48), S. 388.

[27] Hierauf verwies Ludwig Schnorr von Carolsfeld, Zur Anfechtung der Ehelichkeit eines Kindes durch die Oberstaatsanwaltschaft gemäß § 1595a BGB, in: StAZ 2 (1949), S. 187.

1942; dazu gehörte zwar Romano Guardinis „Welt und Person"[28], aber auch Hermann Muckermanns umstrittene „Eugenik"[29]. Mit dem Menschenbild, das die Kenntnis der eigenen Abstammungsverhältnisse nach 1933 so wichtig erscheinen ließ, setzte sich Guggumos nicht auseinander: Die Zugehörigkeit zu einer Rasse spiele zwar keine Rolle mehr, wohl aber die zu einem bestimmten Volk. Ein demokratischer Staat, der heute bei der Anfechtung, „um nicht totalitär zu erscheinen, liberalistische Grundsätze" vertrete und sich nicht in Familienangelegenheiten einmische, werde im „kranken Europa der nächsten Jahrzehnte eine unbedeutende Rolle" spielen[30]. Die Ausführungen erwecken den Eindruck, als habe Guggumos nur recht notdürftig das wohlfeile Deckmäntelchen der Menschenwürde über eine unreflektierte Perpetuierung eines biologistisch-deterministischen Menschenbilds gebreitet. Zudem war seine Wortwahl an vielen Stellen wenig sensibel, wenn er etwa nationalsozialistischen Juristen ihre positiv verstandene Selbstbezeichnung „Rechtswahrer" ließ oder wenn er auf das Adjektivs „liberalistisch" zurückgriff – ein von Anhängern totalitärer Ideologien damals wie heute gerne gebrauchter Pejorativ für liberal. Die Notwendigkeit, die biologische Abstammung eines Kindes festzustellen, hatte im juristischen Diskurs der 1920er Jahre über die Reform des Ehelichkeitsanfechtungsrechts und andere Fragen des Kindschaftsrechts übrigens keine Rolle gespielt; diesen Diskurs hatte die Umsetzung des Art. 121 der Weimarer Reichsverfassung geprägt, der die Gleichbehandlung ehelicher und unehelicher Kinder postulierte.

b) *Die Praxis der unmittelbaren Nachkriegszeit in Bayern*

In München, so die Stellungnahme des Generalstaatsanwalts, würden bei Annahme eines öffentlichen Interesses sehr strenge Maßstäbe angelegt, da der Erhebung dieser Klage fast stets die Kindesinteressen entgegenständen. Öffentliches Interesse werde überwiegend nur dann angenommen, wenn durch die Anfechtung der Ehelichkeit öffentlich-rechtliche Unterhaltsverpflichtungen in Wegfall kämen, ohne dass dabei dem Kindesinteresse selbst allzuviel Schaden zugefügt werde, weil mindestens gleich zu bewertende Unterhaltsansprüche gegen den unehelichen Vater zustande kämen. In Folge der Kriegsverhältnisse

---

[28] Vgl. Romano Guardini, Welt und Person. Versuche zur christlichen Lehre vom Menschen, Würzburg 1939.
[29] Vgl. Hermann Muckermann, Eugenik und Katholizismus, Berlin/Bonn 1934.
[30] Guggumos, Anfechtung, Sp. 248.

seien die Fälle sehr zahlreich geworden. Vor allem Verwandte begehrten hierbei in größerer Zahl die Anfechtung der Ehelichkeit, weil sie durch die als ehelich geltenden Kinder um Erbschaftsansprüche gebracht würden. Es erscheine mit Gesetz und Moral unvereinbar, wenn ein uneheliches Kind den aus der Familie des Ehemanns stammenden landwirtschaftlichen Betrieb oder Gewerbebetrieb erbe und die Blutsverwandten ausschließe. Der Oberstaatsanwalt könne aber nur dann anfechten, wenn man den Begriff des öffentlichen Interesses sehr weit ausdehne. Gegen eine ausufernde Auslegung von gesetzlichen Begriffen beständen aber schon immer erhebliche Bedenken. Wirkliche Abhilfe könne nur durch die Ausdehnung des Kreises der Anfechtungsberechtigten geschaffen werden[31]. Die Mitwirkung der Oberstaatsanwaltschaft in bürgerlich rechtlichen Streitigkeiten sei ohnedies sehr abseits vom Aufgabengebiet der Behörde, das in der NS-Zeit erweitert worden sei und nun wieder eingeschränkt werden müsse.

Der Bamberger Generalstaatsanwalt meldete aus seinem Bezirk ganz ausdrücklich eine uneinheitliche Anwendung des § 1595a BGB. Zum Teil werde in Fällen der standesamtlichen Mitteilung einer unehelichen Geburt nach § 192 Dienstanweisung für Standesbeamte vom Oberstaatsanwalt grundsätzlich angefochten. Zum Teil werde erwogen, dass der große Widerspruch zwischen Rechtsschein und der offenkundigen Tatsache der Erzeugung des Kindes im Ehebruch für sich alleine noch kein öffentliches Interesse begründe. Letzteres hielt der Generalstaatsanwalt für zutreffend. Im Kindesinteresse sei es in der Regel, die eheliche Stellung zu bewahren. Etwas anderes gelte nur, wenn der nichteheliche Vater die Mutter heiraten und das Kind legitimieren oder es für ehelich erklären wolle, zumal wenn er wohlhabend sei. Das öffentliche Interesse sei betroffen, wenn Fürsorgeträger entlastet werden könnten. Hier könne aber ebenfalls das Kindesinteresse so sehr den Vorrang genießen, dass die Anfechtungsklage zu unterbleiben habe. Ein öffentliches Interesse nehme der Oberstaatsanwalt auch dort wahr, wo er unter besonderen Voraussetzungen sozusagen aus dem Recht des Ehemanns klage, weil dieser ausfalle oder versage. Zweck der Anfechtungsklage müsse dann sein, die sittliche Ordnung zu wahren. So lägen die Dinge zum Beispiel, wenn der Oberstaatsanwalt aus dem anstößigen Lebenswandel einer Soldatenfrau Folgerungen ziehe. Weil der Oberstaatsanwalt „aus fremdem Recht" klage, müsse er sorg-

---

[31] Diese Lösung wählte schließlich der Reformgesetzgeber 1961.

fältig prüfen, ob der Ehemann bei Würdigung aller Umstände die Anfechtungsklage erhoben hätte oder nicht – das Verhältnis zwischen Ehemann und Staat kehrte sich hier in Vergleich zur Rechtslage vor 1945 also gleichsam um. Entgegenstehende Interessen des Kindes fielen hier weniger ins Gewicht. Habe der Ehemann die Anfechtungsfrist verstreichen lassen, so werde der Oberstaatsanwalt in der Regel nicht tätig.

Der Nürnberger Generalstaatsanwalt führte aus, seine Behörde überlasse die Entscheidung über die Anfechtung in erster Linie dem Ehemann und beabsichtige, daran auch künftig festzuhalten, da dies einer Besserstellung des Kindes diene. Auch der Nürnberger Generalstaatsanwalt stellte also das Kindeswohl mit großem Gewicht gegen mögliche öffentliche Interessen an der Ehelichkeitsanfechtung. Fechte der Mann nicht an, so handle es sich nicht um eine unsittliche Verschleierung der Wahrheit, sondern um eine Art von Adoption, die im Interesse der Beteiligten formlos vollzogen werde. Sei der Ehemann jedoch in Kriegsgefangenschaft oder vermisst – und hier schlug der Nürnberger Generalstaatsanwalt einen anderen Weg ein als sein Kollege aus München –, werde die Behandlung des Kindes als ehelicher Abkömmling des Mannes als Unrecht empfunden. In diesen Fällen sei es zweckmäßig, dass die Staatsanwaltschaft den Kriegsgefangenen um Äußerung bitte. Bei unbekanntem Aufenthalt des Ehemanns müsse der Oberstaatsanwalt unter möglichster Interessenschonung feststellen, wie sich die „Sippe" des Ehemanns zu dem Kind stelle, und sich dementsprechend verhalten. Kenne man auch den Standpunkt der „Sippe" nicht, so werde der Oberstaatsanwalt um der Wahrheit willen grundsätzlich die Anfechtung betreiben müssen. Der Generalstaatsanwalt schien also zwischen Frieden und Krieg zu unterscheiden. In Friedenszeiten habe der Oberstaatsanwalt grundsätzlich Zurückhaltung zu üben, während in kriegsbedingten Fällen im Zweifel angefochten werden müsse. Allerdings war die Handhabung des § 1595a BGB durch die einzelnen Oberstaatsanwälte im OLG-Bezirk Nürnberg nicht einheitlich, denn in Amberg scheint auch in kriegsbedingten Fällen im Zweifel nicht angefochten worden zu sein.

Die ersten beiden vor dem Landgericht Amberg nach 1945 auf Klage des Oberstaatsanwalts durchgeführten Ehelichkeitsanfechtungsverfahren datieren erst aus dem Jahr 1947[32]. Sie beruhen auf ganz unter-

---

[32] Zur Ehelichkeitsanfechtung durch den Oberstaatsanwalt am LG Amberg vgl. umfassend Löhnig, Justiz, S. 21 ff.

schiedlichen Argumentationslinien: Der Integration des Kindes in die Familie seiner biologischen Eltern auf der einen Seite – eine Konstellation, die den Reformdiskurs vor 1933 prägte – und der Klärung des Personenstands der Kindes auf der anderen Seite als einer für den Diskurs nach 1945 zentralen Argumentationsfigur. Das Anfechtungsverfahren R 102/47 wurde durch einen Rechtsanwalt in Gang gesetzt, der die Staatsanwaltschaft Amberg darüber informierte, dass ein im März 1943 geborenes Kind nicht von dem seit 1941 vermissten Ehemann der Mutter stammen könne und ausdrücklich um staatsanwaltliche Anfechtung der Ehelichkeit bat. Die erste Ehe der Mutter sei am 29. August 1943 in Reval geschieden worden, seit Juli 1945 sei die Mutter mit dem Kindsvater verheiratet. Es liege nicht nur im Kindesinteresse, sondern auch im öffentlichen Interesse, dass der Status des Kindes geregelt werde. Der Rechtsanwalt war offenbar von Mutter und/oder biologischem Vater beauftragt worden.

Der zuständige Oberstaatsanwalt zeigte sich jedoch zurückhaltend und erhob nicht sofort Klage. Zunächst nahm die Staatsanwaltschaft Amberg Kontakt mit dem Standesamt Furth im Wald auf und erhielt die Antwort, dass dort Wert auf die Klärung der Vaterschaft gelegt werde, damit die Staatsangehörigkeit des Kindes festgelegt werden könne, denn die Mutter sei Ausländerin. Außerdem ließ die Staatsanwaltschaft die Mutter intensiv polizeilich vernehmen, weil der Sachverhalt einwandfrei geklärt sein müsse, bevor öffentliche Klage erhoben werden könne. Schließlich begründete der Rechtsanwalt erneut und vertieft das Vorliegen des öffentlichen Interesses an der Ehelichkeitsanfechtung: Es liege höhere Gewalt vor, denn eine Heirat der biologischen Eltern des Kindes habe erst nach Mai 1945 erfolgen können, weil die Mutter Estin sei. Es liege im öffentlichen Interesse, dass der Personenstand festgestellt werde und das Kind den Vaternamen erhalte. Daraufhin erhob der Oberstaatsanwalt schließlich Anfechtungsklage, weil öffentliches Interesse an der Anfechtung vorliege. Im Juli 1947 gab das Landgericht Amberg der Klage statt und stellte fest, dass das Kind kein eheliches Kind des ersten Ehemannes der Mutter sei. Das Gericht wandte in seinem knappen, nur aus einem Blatt bestehenden Urteil § 1595a BGB ganz selbstverständlich an; es warf weder die Frage der Fortgeltung dieser vom nationalsozialistischen Gesetzgeber erlassenen Norm auf, noch brachte es wenigstens Belege für die Auffassung, dass § 1595a BGB weiterhin anzuwenden sei.

In diesem Verfahren erfüllte § 1595a BGB die bereits in der Weimarer Zeit erhobenen Reformpostulate: Nicht nur der Ehemann und Scheinvater, sondern auch das Kind selbst sollte nach mehreren Gesetzentwürfen aus den Jahren 1922[33], 1925[34] und 1929[35] seine Ehelichkeit und damit auch die Vaterschaft des Ehemannes seiner Mutter anfechten können, damit es in eine durch Eheschließung seiner biologischen Eltern gegründete Familie auch von Rechts wegen voll eingegliedert werden konnte. Der nationalsozialistische Gesetzgeber hatte diese Forderung insoweit erfüllt, als er zwar nicht dem Kind selbst, wohl aber dem Oberstaatsanwalt ein Anfechtungsrecht einräumte, das unter anderem nach Maßgabe des Kindesinteresses auszuüben war, so dass der Oberstaatsanwalt gleichsam als Interessenvertreter des Kindes handelte. Bemerkenswert ist jedoch, dass der Amberger Oberstaatsanwalt sich trotz der offensichtlich erfüllten Voraussetzungen einer Anfechtung im Kindesinteresse auf das Vorliegen des öffentlichen Interesses stützte und auch das Landgericht Amberg das Kindesinteresse nicht erwähnte.

Erst sieben Monate später ging die nächste Anfechtungsklage des Oberstaatsanwalts beim Landgericht Amberg ein (R 276/47). Hier klagte der Oberstaatsanwalt gegen das im August 1945 geborene Kind mit der Begründung, der letzte Verkehr der Mutter mit ihrem damaligen Ehemann – die Ehe war inzwischen geschieden – habe im Juni 1944 stattgefunden. Der geschiedene Ehemann der Mutter, der von Rechts wegen als Vater des Kindes galt (§ 1592 BGB), war an die Oberstaatsanwaltschaft herangetreten, die daraufhin offenbar ohne Weiteres Anfechtungsklage erhob, weil die Anfechtungsfrist des Scheinvaters abgelaufen sei und die Klärung des Personenstandes im öffentlichen Interesse liege. Die als Zeugin vernommene Mutter bestätigte die Angaben ihres geschiedenen Mannes und benannte einen österreichischen Soldaten als Vater. Das Landgericht Amberg folgte der Oberstaatsanwaltschaft und führte aus: „Nachdem der Ehemann das Anfechtungsrecht durch Zeitablauf verloren hat, besteht ein öffentliches Interesse an der Feststellung der Unehelichkeit des Kindes, um seinen Personenstand zu klären." Bemerkenswert ist dabei zum einen, dass sich hier Ausführungen zum Vorliegen des öffentlichen

---

[33] Der Text findet sich bei Schubert, Projekte, S. 135f.
[34] Vgl. Reichsrat des Deutschen Reiches, Drucksachen, 108/1925.
[35] Vgl. Reichstag des Deutschen Reiches, Drucksachen, IV/733.

Interesses als Voraussetzung des staatsanwaltschaftlichen Anfechtungsrechts finden. Das Kindeswohl spielte in diesem Verfahren auch materiell keine Rolle. In der Begründung des letzten Weimarer Entwurfs war noch ausdrücklich darauf hingewiesen worden, dass das Gericht die Anfechtungsklage des Kindes zurückweisen müsse, wenn die Möglichkeit der Legitimierung in einer Ehe der Mutter mit dem biologischen Vater nicht bestehe[36]. Die Klärung der Abstammung als solcher hatte für die Verfasser des Entwurfs von 1929 also keinen Eigenwert, während nunmehr das Landgericht Amberg in der Klärung des Personenstands einen Eigenwert sah und die allzu starke Bewertung der Abstammung in den Jahren vor 1945 nicht zum Anlass nahm, das Vorliegen des öffentlichen Interesses in seinem Urteil zumindest in Frage zu stellen.

c) *Die bayerischen Richtlinien 1948*

Das bayerische Staatsministerium der Justiz gab deshalb im Februar 1948 ein von Ministerialrat Guggumos erarbeitetes Schreiben an die drei bayerischen Generalstaatsanwälte heraus[37]. Ein Abdruck ging jeweils an das Justizministerium Württemberg-Badens, das Justizministerium Hessens, den Senator für Justiz in Bremen und den Kreispräsidenten in Lindau. In der Nachkriegszeit hätten sich auf dem Gebiete des Kindschaftsrechts Probleme ergeben, auf deren rasche Lösung der Staat in höchstem Maße bedacht sein müsse. Mit Blick auf die bayerische Verfassung fordere die Würde der menschlichen Persönlichkeit, dass die Abstammung in jedem nur möglichen Falle festgestellt werde. Der Oberstaatsanwalt werde daher von seinem Anfechtungsrecht in weitestem Umfang Gebrauch machen müssen. Im Gegensatz zu der überwiegend zurückhaltenden und die Tatbestandsmerkmale des § 1595a BGB ernstnehmenden Praxis der Oberstaatsanwälte bestand das Ministerium also darauf, die gesetzlichen Möglichkeiten voll auszuschöpfen. Das lief im Ergebnis auf ein ähnliches Grundmuster hinaus, wie es in der NS-Zeit entstanden war. Zentral war die zutreffende Abbildung der Abstammung für das dann freilich funktionslose Tatbestandsmerkmal des öffentlichen Interesses oder Kindesinteresses. Das Ministerium servierte also alten

---

[36] Vgl. ebenda, hier S. 49.
[37] Das Schreiben findet sich in den Akten des bayerischen Justizministeriums zu § 1595a BGB.

Anfechtungswein in neuen Würdeschläuchen, womit sich ein umfassender staatlicher Eingriff in Familienverhältnisse auch gegen den Willen der Beteiligten weiterhin rechtfertigen ließ.

Hinzukomme, so das Schreiben aus dem Justizministerium, dass die Bevölkerung Rechtswahrheit und Rechtsklarheit auf dem Gebiet des Familienrechts wieder für besonders wichtig halte. Die Anfechtung werde auch nicht dadurch ausgeschlossen, dass die an der Feststellung der Unehelichkeit interessierten Personen vermögensrechtliche Gesichtspunkte in den Vordergrund schöben. Die Wahrung privater Vermögensinteressen, deren Subsumtion unter das Tatbestandmerkmal öffentliches Interesse dem Münchner Generalstaatsanwalt unzulässig erschien, wurde damit also zur öffentlichen Angelegenheit gemacht, was sich gegebenenfalls durch moralisierende Argumentationsstrategien bemänteln ließ. Auch bei erheblichen Vermögensnachteilen liege die Anfechtung trotzdem im „ideellen Interesse des Kindes". Mit diesem Kunstgriff wurden viel handfestere Interessen des Kindes beiseitegeschoben, die viele Staatsanwälten bislang gegen das öffentliche Interesse an der Ehelichkeitsanfechtung in Anschlag gebracht hatten. Die Volkszugehörigkeit könne im einzelnen Fall ebenfalls eine wichtige Rolle spielen, wenn auch im Allgemeinen der Volks- und Rassezugehörigkeit nicht die Bedeutung zukomme wie vor 1945 – eine Phrase, die nicht erklärte, warum und in welchen besonderen Fällen Fragen der Rassezugehörigkeit noch immer eine Rolle spielen konnten.

Natürlich werde sich der Oberstaatsanwalt, der als Vertreter des Ehemanns handle, an die Interessen der Familien halten und immer dann, aber auch nur dann anfechten, wenn sich zweifelsfrei feststellen lasse, dass ein gerecht und billig denkender Ehemann und Vater als Hüter der Familienehre im konkreten Fall anfechten würde. Es sollte also im Ernstfall nicht auf die individuelle Entscheidung der Beteiligten ankommen, sondern auf eine nach objektiven Gesichtspunkten gefasste Familienehre, die der Oberstaatsanwalt zu wahren hatte, wenn das pflichtvergessene Familienoberhaupt diese Aufgabe nicht erfüllte. Nicht anders hatte sich der Gesetzgeber des Jahres 1938 das Verhältnis zwischen Vater und Vater Staat vorgestellt.

Die Auswirkungen dieser Richtlinie ließen nicht auf sich warten, wie ein Blick auf den Oberstaatsanwalt am Landgericht Amberg zeigt. Die Staatsanwaltschaft stellte gerade in Fällen, in denen Ehemänner an der Ostfront vermisst waren, aber aufgrund geltender Fristen noch nicht für tot erklärt werden konnten, routinemäßig den Zustand her, der der weit überwiegenden Wahrscheinlichkeit entsprach: Kinder von mutmaßlich verwitweten Müttern wurden als unehelich erklärt. Die Interessen der so gut wie nie anwaltlich vertretenen Kinder spielten dabei keine Rolle, weil die Staatsanwaltschaft ganz offenbar in dem Selbstverständnis handelte, diese Aufgabe im Sinne der Öffentlichkeit wahrzunehmen, ohne dies freilich näher zu begründen.

In diesen Standardverfahren änderte sich der Charakter von § 1595a BGB, soweit es um das nahezu ausnahmslos herangezogene öffentliche Interesse ging. Aus einer Norm, die ursprünglich dazu diente, „blut- und rassemäßige" Ordnungsvorstellungen durchzusetzen und „nicht-arischer" Kinder zu „enttarnen", wurde eine Norm, die unter den schwierigen Bedingungen der Nachkriegszeit schematisch den (mutmaßlich) tatsächlichen und den rechtlichen Personenstand der betroffenen Kinder in Einklang brachte. Offenbar konnte es nicht geduldet werden, dass ein Kind jedenfalls bis zur rückwirkenden Todeserklärung des Ehemanns zu Unrecht als ehelich galt. Hier zeigt sich die auch in der Literatur zu § 1595a BGB weitreichend befürwortete staatliche Durchsetzung sittlicher Ordnungsvorstellungen durch „Demaskierung"[38] scheinehelicher Kinder, in der sich der Wunsch nach klaren sittlichen Maßstäben als Reaktion auf die Ereignisse der Jahre vor 1945 zu spiegeln scheint. Gustav Boehmer sah einen im öffentlichen Interesse stehenden „Dienst der Familienehre und des Familienfriedens und damit doch wohl auch der größeren Gemeinschaft, deren ‚Einzelzellen' die Familien sind, [...] daß ein solches ‚Sündenkind' der Frau aus dem Familienkreis entfernt wird"[39].

Dies wird besonders deutlich an Verfahren, in denen der Oberstaatsanwalt ohne oder sogar gegen den Willen des Ehemanns Anfechtungsklage erhob. Im Verfahren R 207/48 führte der Oberstaatsanwalt in seiner Klageschrift vom 3. Mai 1948 zunächst die üblichen Daten auf und begründete das öffentliche Interesse anschließend damit, dass der in Ingolstadt lebende geschiedene Ehemann „nicht zu bewegen" sei, „Anfechtungsklage zu stellen". Weigerte sich der Ehemann, die Abstammungsverhältnisse richtigzustellen, so schrieb sich also der Oberstaatsanwalt die Letztentscheidungskompetenz zu. Formal arbei-

---
[38] So die Formulierung bei Guggumos, Bemerkung, S. 388.
[39] Gustav Boehmer, Zur Rechtsstellung der durch nachfolgende Ehe legitimierten Kinder, insbes. zur Anwendbarkeit des § 1593 BGB, in: NJW 2 (1949), S. 52–55, hier S. 53.

tete die Oberstaatsanwaltschaft auf diese Weise mit der von 1938 bis 1945 angenommenen Letztentscheidungskompetenz weiter, an die Stelle der „blut- und rassemäßigen Ordnung" trat jedoch die abstammungsmäßige Ordnung, die es auch gegen den Willen eines pflichtvergessenen Ehemanns herzustellen galt.

Aus der Akte ist insbesondere nicht ersichtlich, dass die Ehelichkeitsanfechtung erforderlich gewesen wäre, um beispielsweise dem Kind die Integration in eine Familie seiner biologischen Eltern zu ermöglichen, und der Ehemann dies etwa aus Desinteresse oder eigensüchtigen Motiven blockiert hätte. In einem derartigen Fall hätte überdies die Erwähnung des Kindesinteresses nahegelegen. Hielt man das Erfordernis der Herstellung der zutreffenden abstammungsmäßigen Ordnung für ausreichend zur Begründung des öffentlichen Interesses, wurde auch die in § 1595a BGB angeordnete einjährige „Wartefrist" des Staatsanwalts zur Posse, weil am Ende immer die Anfechtung stand: Entweder handelte der Ehemann zügig und pflichtgemäß und focht an, oder der Oberstaatsanwalt tat dies ein Jahr nach der Geburt des Kindes – und damit möglicherweise sogar noch während offener Anfechtungsfrist des Ehemanns. Von der bürgerlich-patriarchalischen Familie des Bürgerlichen Gesetzbuchs in seiner Ursprungsfassung, das dem Ehemann die Möglichkeit gab, ein als unehelich erkanntes Kind als sein Kind zu akzeptieren, es gegebenenfalls in der Familie zu belassen und durch Nichtanfechtung gleichsam zu adoptieren, blieb auch nach 1945 nichts mehr übrig.

In diesen Zusammenhang gehört auch das Verfahren R 408/48, in dem der Oberstaatsanwalt am 26. Oktober 1948 ausführte, der Ehemann der Mutter befinde sich in französischer Gefangenschaft; er sei von seiner Ehefrau über das uneheliche Kind informiert worden, habe jedoch nichts unternommen. Am 15. Dezember 1948 erging das Anfechtungsurteil. Ob der Ehemann seiner Frau den Seitensprung verziehen hat, ob er sich vielleicht sogar dazu entschieden hat, das Kind nach seiner Freilassung als Vater anzunehmen und deshalb nicht angefochten hat, blieb offensichtlich unerheblich. Ein ähnliches Muster lässt sich im Verfahren R 411/49 feststellen. Hier hatte der Ehemann trotz Kenntnis der Unehelichkeit des Kindes nicht angefochten, obwohl er die Möglichkeit dazu hatte. Im Urteil des Landgerichts Amberg hieß es dazu nur lapidar: Weil er „die Ehelichkeit des Beklagten nicht fristgemäß angefochten habe, sei gemäß der nach § 1595a zulässigen Anfechtungsklage [...] stattzugeben". Oberstaatsanwalt und

Landgericht machten sich ausdrücklich zu Sachwaltern des Ehemanns, aber nicht des Ehemanns als bürgerlich-staatsfernem *pater familias*, sondern zu Sachwaltern eines Familienoberhaupts, das auch nach 1945 im öffentlichen Interesse bestimmte Pflichten zu erfüllen hatte, die der Staat übernahm, sollte der Ehemann versagen.

Die Leitlinien nahmen erstaunlicherweise nicht auf die keineswegs unbedeutende Frage nach der Eingliederung des Kindes in eine neue Familie seiner biologischen Eltern Bezug, die den Weimarer Reformdiskurs geprägt hatte. Derartige Fälle finden sich auch in den Akten des Landgerichts Amberg: Im Verfahren R 335/48 führte der Oberstaatsanwalt beispielsweise in seiner Klageschrift vom 31. August 1948 aus, dass die Mutter um Anfechtung bitte. Der Kindesvater, ein Franzose, habe die Vaterschaft beim Amtsgericht bestätigt. Der Ehemann habe bereits 1943 von der Unehelichkeit des Kindes erfahren und Scheidungsklage eingereicht, die Klage aber später zurückgenommen, damit seine Frau nicht wegen unerlaubten Umgangs mit Kriegsgefangenen bestraft werde. Vor Ablauf der Anfechtungsfrist sei er dann gefallen. Die Frau sei nun in Marseille mit dem Vater verheiratet. Das Urteil vom 27. September 1948 bejahte das Vorliegen des öffentlichen Interesses und des Kindesinteresses, was sich daraus ergebe, dass die Mutter den Vater geheiratet habe. Damit war einer der seltenen Fälle gegeben, in denen auch das Kindesinteresse eine Rolle spielte, das offenbar – wie in der Weimarer Zeit angenommen –, eine Anfechtung nur dann rechtfertigte, wenn eine Legitimierung des Kindes in einer Ehe der Mutter mit dem biologischen Vater möglich war, während man ansonsten auf das weit gefasste öffentliche Interesse zurückgriff. Diese Handhabung des Kindesinteresses wurde jedoch nicht einheitlich durchgehalten. Auch in den Akten des Verfahrens R 170/49 ist zu lesen, dass der Vater die Sorge für Mutter und Kind schon übernommen habe; im Verfahren R 401/49 hatte die Mutter den Vater sogar schon geheiratet, trotzdem wurde aber nicht mit dem Kindesinteresse argumentiert.

Im Verfahren R 409/40 dürfte die Lektüre zwischen den Zeilen ergeben, dass die Mutter eine nichteheliche Lebensgemeinschaft mit einem auf ihrem Anwesen eingewiesenen Heimatvertriebenen eingegangen war. Der Ehemann war bereits seit fünf Jahren vermisst, sie konnte aber, weil sie noch verheiratet war, den Kindesvater nicht heiraten, und leitete selbst die Anfechtung in die Wege. Im Verfahren R 499/49 führte der Oberstaatsanwalt ausdrücklich aus, die Mutter habe die Anfechtung beantragt.

Im Gegenzug lässt sich freilich aus der Bemerkung schließen, die Mutter selbst habe das Verfahren eingeleitet oder wolle die Anfechtung, dass in den allermeisten Fällen nicht die Mutter das Anfechtungsverfahren einleitete, sondern vermutlich das Jugendamt. Dafür spricht, dass gerade ab Mitte 1948 die Anfechtungsverfahren immer in Aktenzeichengruppen auftraten, und diese Akten auch stets standardisierte, auf blauem Papier eingereichte Äußerungen des Jugendamts enthalten. Ein Hinweis auf den Zeitpunkt des letzten Sexualkontakts der Ehegatten, eine Information, die nur von der Mutter stammen konnte und deshalb einen Hinweis auf eine Anregung durch die Mutter gibt, enthält nur die Klageschrift aus dem Standardverfahren R 468/47; in allen anderen Klageschriften finden sich derartige Hinweise nicht. Genausowenig wurde auf die Frage abgestellt, ob das Kind infolge der Anfechtung einen leistungsfähigen Unterhaltsschuldner erhalten könne, wie überhaupt das – jedenfalls materielle – Kindeswohl nicht als entscheidendes Kriterium herangezogen wurde, wie das auf Grundlage der verfassungsgestützten Argumentation zu vermuten wäre.

In der Praxis interessierten derlei Fragen offenbar nicht: Das Amberger Verfahren R 166/49 wurde offenbar nicht so zügig betrieben, wie dies ansonsten üblich war. Jedenfalls findet sich in der Akte ein Brief der Mutter an den Oberstaatsanwalt, er möge die Sache voranbringen, weil sie Unterhalt vom biologischen Vater des Kindes verlangen wolle. In einem zweiten Schreiben drohte die Mutter damit, dass sie bald der öffentlichen Fürsorge zur Last fallen werde. Hier mag also das Verfahren auf Anregung der Mutter eingeleitet worden sein, was sich jedoch (wie in allen anderen Verfahren) nicht sicher ermitteln lässt. Die Oberstaatsanwaltschaften führten für die Zivilverfahren, an denen sie beteiligt waren, unter dem Aktenzeichen Hs eigene Akten, aus denen sich insbesondere ergeben dürfte, woher sie gegebenenfalls ihre Anregung zur Klageerhebung bezogen. Die Amberger Hs-Akten aus dieser Zeit sind jedoch, wie die Hs-Akten fast aller deutschen Oberstaatsanwaltschaften, längst vernichtet, weil sie nicht als archivwürdig angesehen wurden.

Grundlage der Leitlinien bildeten diffuse Maßstäbe wie angebliche Auffassungen der Bevölkerung, die Volkszugehörigkeit oder die Familienehre. Hinzukam das verfassungsrechtlich begründete angebliche Recht jedes Menschen auf Kenntnis der eigenen Abstammung; ein Recht freilich, dessen Geltendmachung nicht ins Belieben des heranwachsenden Kindes gestellt wurde, sondern das ohne Weiteres vom Oberstaatsanwalt durchgesetzt wurde, so als sei die Durchsetzung dieses – angeblichen – Rechts kurz nach der Geburt lebensnotwendig für das Kind.

Die deutliche Steigerung der Verfahrenszahlen in Amberg im Jahr 1948 ist damit recht klar auf die Beachtung der Leitlinien aus dem bayerischen Justizministerium zurückzuführen. In den Jahren bis 1947 hatte sich der Oberstaatsanwalt mit Ehelichkeitsanfechtungsklagen stark zurückgehalten und lediglich einmal die Integration des Kindes in die Familie seiner biologischen Eltern ermöglicht. In einem weiteren Fall hatte er unter Berufung auf die Notwendigkeit der Feststellung des Personenstands einem Ehemann geholfen, der seine Anfechtungsfrist hatte verstreichen lassen. Dieses Bild wandelte sich in den ersten Monaten des Jahres 1948 völlig: Der Oberstaatsanwalt machte immer häufiger von seinem Ehelichkeitsanfechtungsrecht Gebrauch und legte der Ausübung des Anfechtungsrechts nur ganz selten kindeswohlbezogene Erwägungen zugrunde. Grundlage der Ausübung des Anfechtungsrechts war vielmehr fast immer das öffentliche Interesse, das in der Regel so definiert wurde, dass – auch gegen den Willen des gehörnten Ehemanns – die biologische Wahrheit auch rechtlich abgebildet werden müsse. Der Amberger Oberstaatsanwalt sorgte also für Ordnung im Bereich des Personenstandswesens und „demaskierte" uneheliche Kinder. Eine nähere Begründung des öffentlichen Interesses, die auf einen Abwägungsprozess insbesondere auch unter Berücksichtigung des Kindeswohls hindeuten könnte, findet sich nur sehr selten. Es sind Aktenzeichenkaskaden vorhanden, die darauf schließen lassen, dass den Klagen Sammelmeldungen der Fürsorgebehörden zugrundeliegen, die dann routinemäßig abgewickelt wurden.

Mit der Auffassung, der Oberstaatsanwalt könne Kinder untreuer Soldatenfrauen, deren Männer gefallen, vermisst oder kriegsgefangen waren, als scheinehelich „demaskieren" und sittliche Ordnungsvorstellungen durchsetzen, stand das Landgericht Amberg freilich nicht allein[40]. § 1595a ermöglichte also in Abkehr von nationalsozialistischen

---

[40] Oberster Gerichtshof für die Britische Zone, II. Zivilsenat, Urteil vom 11.4.1949, II ZS 90/48, in: OGHZ 2 (1949), S. 35–42, hier S. 39; Guggumos, Bemerkung, S. 388; Walter Schrodt, Anmerkung [zu OLG Hessen, ZS Kassel, Beschluss vom 29.9.1948 – UH 5/48], in: NJW 2 (1949), S. 385 ff., hier S. 385f.

wie liberalen Ideen die Durchsetzung sittlicher Ordnungsvorstellungen, die sicherlich von vielen normalisierungswilligen und orientierungssuchenden Bürgern gebilligt wurden. Dieser Befund wird nicht dadurch widerlegt, dass die überwiegende Anzahl von Verfahren Fälle betraf, in denen die Ehemänner lange vor der Zeugung des Kindes, die nach dem Mai 1945 erfolgte, mit allergrößter Wahrscheinlichkeit gefallen waren, und es lediglich an der Gewissheit über den Tod beziehungsweise einer Todeserklärung fehlte. Damit knüpfte das staatsanwaltschaftliche Anfechtungsrecht à la longue nicht an den Reformdiskurs aus der Weimarer Republik an, der ein Anfechtungsrecht des Kindes gefordert hatte, indem der Oberstaatsanwalt nun gleichsam als Treuhänder die Kindesinteressen wahrnahm. Die Nachkriegspraxis perpetuierte vielmehr die einmal erfolgte Verschiebung der Grenze zwischen Familie und Staat über den Zusammenbruch des NS-Regimes hinaus.

d) *Der Einfluss der bayerischen Leitlinien auf die amerikanische Besatzungszone*

Um die Mitte des Jahres 1948 begannen Beratungen auf der Ebene der amerikanischen Besatzungszone über die Handhabung des § 1595a BGB. Der Rechtsausschuss des Länderrats der US-Zone, tagte in Stuttgart, und zur Vorbereitung der Sitzung hatten die Mitglieder Stellungnahmen vorgelegt. Das Stuttgarter Justizministerium teilte mit, dass in Württemberg-Baden nach einem Rundbrief vom 3. August 1946 verfahren werde. Danach könnten das Interesse des Kindes an Unterhaltsleistungen oder die öffentliche Sittlichkeit eine Anfechtung in Betracht kommen lassen. Sowohl die Reinerhaltung der Familienehre als auch die Schonung der öffentlichen Mittel für den Kindesunterhalt erforderten in vielen Fällen die Anfechtung, wenn der Ehemann verschollen oder kriegsgefangen und daher tatsächlich verhindert sei. Jedoch sei stets der vom Ehemann bekundete Wille zu respektieren. Es sei Kennzeichen des totalitären Staates gewesen, sich nahezu unbeschränkt auch in die Familienangelegenheiten eingemengt und das Prinzip der Ordnung bis zur unbeschränkten Staatsallmacht überspannt zu haben. Daher habe der Staat auch die Abstammungsverhältnisse durchforscht und so Unruhe, Unsicherheit und Unfrieden erzeugt. Es gebe zwar Fälle, in denen die Anfechtung durch den Oberstaatsanwalt notwendig sei, es erscheine jedoch geboten, auf dem Gebiet des Familienrechts „das Ordnungsprinzip nicht erneut zu überspannen". Der Oberstaatsanwalt solle nur „nach sorgfältigster und taktvollster Prüfung der Verhältnisse" anfechten und auch nur in Fällen, in denen die Kinder ganz offensichtlich nicht vom Ehemann abstammen könnten oder Unterhalt aus öffentlichen Mitteln bezögen, während nach Anfechtung mit hoher Wahrscheinlichkeit der Erzeuger Unterhalt zahlen müsste, nicht hingegen wenn lediglich die Verlagerung der Unterhaltslast von einer auf eine andere öffentliche Stelle erfolge. Entscheidendes Kriterium sei aber bereits der mutmaßliche Wille des Ehemanns. Leitmotiv war also eine eher zurückhaltende Anwendung, wobei die Klärung des Personenstands nicht als wichtiger Anfechtungsgrund galt.

Dementsprechend wurde das erste staatsanwaltschaftliche Anfechtungsverfahren, das sich in den Aktenbeständen des Landgerichts Mosbach/Baden befindet, erst in der zweiten Hälfte des Jahres 1947 rechtshängig[41]. Die Fälle, in denen der Staatsanwalt im öffentlichen Interesse eine Anfechtungsklage erhob[42], betrafen zum einen Kinder, die gezeugt worden waren, während sich der Ehemann der Mutter im Krieg oder in Kriegsgefangenschaft befand. In aller Regel hatte es zuvor Scheidungsverfahren gegeben. Zum anderen wurden auf Wunsch der Mutter Anfechtungsklagen gestützt auf das öffentliche Interesse erhoben[43], weil die Kindesmutter dringend auf Unterhaltszahlungen des Erzeugers angewiesen war. Eine dritte Konstellation ergab sich aus dem Bestreben, das Kind zu legitimieren. Derartige Sachverhalte dürften den Akten R 181/48 und R 229/48 zugrundeliegen, wo die Kindesmutter eidlich zu der Frage Stellung nehmen musste, ob sie beabsichtige, den Erzeuger des Kindes zu heiraten. Die letzte Fallgruppe betraf Ehemänner, deren Anfechtungsrecht verjährt war und die sich nun mit der Bitte um Anfechtung an die Staatsanwaltschaft wandten[44]. Seit 1948 finden sich zunehmend auch Fälle, in denen der Ehemann kriegsvermisst war und wo sich nicht klar ersehen lässt, auf wessen Veranlassung das Verfahren eingeleitet wurde; nicht selten waren die Beteiligten Vertriebene.

Hessen teilte mit, um nicht gegen den Grundsatz der Nichteinmischung des Staates in Familienangelegenheiten zu verstoßen, habe

---

[41] Vgl. dazu umfassend Pruksch, Ehelichkeitsanfechtung.
[42] Etwa R 104/47 und R 112/47; vgl. dazu Pruksch, Ehelichkeitsanfechtung, Punkt 2.1.1.1.
[43] R 201/47 und R 95/48.
[44] R 211/48, R 228/48 und R 6/49.

man die dem Justizministerium nachgeordneten Oberstaatsanwaltschaften angewiesen, nur in besonderen Fällen Ehelichkeitsanfechtungsklage zu erheben. Mit dieser Anweisung habe der Minister zum Ausdruck gebracht, die Tatsache allein, dass das Kind nicht vom Ehemann der Mutter stamme, reiche nicht für die Klageerhebung aus. Die Entscheidung im Einzelfall habe man dem Oberstaatsanwalt überlassen. Wende die öffentliche Hand jedoch für ein Kind erhebliche Mittel auf, während der außereheliche Erzeuger in guten Vermögensverhältnissen lebe, sei im Allgemeinen ein wichtiger Grund zur Klageerhebung geben. Bei dieser restriktiven Anwendung könne es aber möglicherweise nicht bleiben, wenn sich herausstelle, dass die verschollenen Soldaten verstorben seien. Offenbar hatte man jedoch in Fällen vermisster Kriegsteilnehmer bislang keinen umfassenden Gebrauch von § 1595a BGB gemacht.

Der hessische Standpunkt zeigt zum einen, dass eine mögliche Reaktion auf den Umgang mit Familien vor 1945 die weitestgehende Nichteinmischung sein konnte, also insbesondere der Verzicht darauf, Eingriffe mit neuen moralischen Maßstäben zu rechtfertigen. Zum anderen wird deutlich, dass in der Nachkriegszeit wegen des restriktiven Anfechtungsrechts – neben dem Oberstaatsanwalt war ja nur der Ehemann anfechtungsberechtigt – ein anderer Umgang mit § 1595a BGB immer dann erforderlich war, wenn der Ehemann mit großer Wahrscheinlichkeit verstorben war, weil dann allein der Oberstaatsanwalt die Interessen anderer Beteiligter zur Geltung bringen und eine Herrschaft des Ehemanns aus dem Soldatengrab verhindern konnte.

Das bayerische Justizministerium erarbeitete durch Ministerialrat Guggumos einen Entwurf für eine einheitliche Handhabung des § 1595a BGB in der amerikanischen Besatzungszone. Das Anfechtungsrecht sollte demnach grundsätzlich in möglichst umfassender Weise ausgeübt werden. Die Ansicht, dass sich der Oberstaatsanwalt nicht in familienrechtliche Angelegenheiten einzumischen habe, sei im Hinblick auf die öffentliche Bedeutung der Familie auch für ein demokratisches Staatsleben abzulehnen. Der Entwurf grenzte sich also scharf von der vielfach vertretenen Position ab, der Staat solle sich allzu weitgehender Interventionen in familiäre Angelegenheiten enthalten. Von der Anfechtung sei nur dann abzusehen, wenn der entgegenstehende Wille des Ehemanns zweifelsfrei feststellbar sei, es sei denn, es liege ein Missbrauch von dessen Rechten vor. Das sei dann der Fall, wenn das Kind einen erheblichen Schaden erleide oder die öffentliche Ordnung in empfindlicher Weise gestört werde. Abzulehnen sei der Standpunkt, dass die Scheinehelichkeit in jedem Fall höher zu bewerten sei als die Unehelichkeit. Schließlich bestehe der Makel der Unehelichkeit nicht mehr. Dass diese Behauptung schlicht unzutreffend war, zeigt ein Blick in die Sozialgeschichte der Nachkriegszeit[45]. Der Oberstaatsanwalt müsse ferner anfechten, wenn der Ehemann eine asoziale oder erbkranke Person sei. 1948 ging man im bayerischen Justizministerium trotz der von den Nationalsozialisten unter Berufung auf eugenische Gesichtspunkte begangenen Verbrechen also schon wieder recht unbefangen mit Fragen der Eugenik um oder ließ jedenfalls den zuständigen Ministerialrat damit recht unbefangen umgehen[46]. Außerdem müsse der Oberstaatsanwalt anfechten, wenn öffentliche Körperschaften von ihrer Unterstützungspflicht befreit werden könnten und – dieser für den Reformdiskurs der Weimarer Zeit entscheidende Grund kam ganz am Ende – wenn der tatsächliche Vater das Kind anerkennen wolle. Ausschlaggebend sei stets der Grundgedanke, dass die rechtliche Klarstellung des Familienstands und damit die Aufhellung des Wesens der Person zum Begriff der Persönlichkeit im Sinne der heutigen Rechtsordnung gehörten. Und schließlich noch einmal: Die Interessen des Ehemanns als Hüter der Familienehre hätten dann zurückzutreten, wenn der Oberstaatsanwalt als Hüter der öffentlichen Ordnung glaube, den Interessen des Kindes oder der Gesellschaft den Vorzug geben zu müssen.

Die meisten Länder der amerikanischen Besatzungszone erließen schließlich Anfang 1949 Richtlinien zum Umgang mit § 1595a BGB, die auf den Absprachen im Länderrat beruhten, so etwa das Stuttgarter Justizministerium: Der Umstand, dass nach 1593 BGB die Unehelichkeit eines Kindes nur noch geltend gemacht werden könne, wenn sie rechtskräftig festgestellt sei, erlege dem Oberstaatsanwalt die Pflicht auf, bei der Prüfung des öffentlichen Interesses oder Kindesinteresses nicht zu engherzig zu verfahren und sich im Zweifelsfall für die Anfechtung zu entscheiden. Die Auffassung, dass sich der Oberstaatsanwalt der Einmischung in familiäre Belange zu enthalten habe, sei im Hinblick auf die Bedeutung der Familie auch im demokratischen Staatsleben

---

[45] Vgl. dazu Buske, Fräulein Mutter, S. 211 ff.
[46] Dieser Passus sollte allerdings zu erheblichen Konflikten mit der Besatzungsmacht führen; vgl. Löhnig, Justiz, S. 51 ff.

abzulehnen. Die Aufhellung der Person gehöre zum Begriff der Persönlichkeit; hier konnte sich also Guggumos durchsetzen. Abzulehnen sei auch der Standpunkt, dass Scheinehelichkeit besser sei als Unehelichkeit.

In der Literatur wurde diese Zurückstellung des Kindesinteresses hinter das öffentliche Interesse schon bald zum Teil deutlich kritisiert[47]. Der Oberstaatsanwalt werde vom Anfechtungsrecht Gebrauch zu machen haben, wenn das Kind offenkundig nicht vom Ehemann stammen könne, und zwar auch dann, wenn die Anfechtung dem Kind vermögensrechtliche Nachteile bringe. Außerdem erfordere es die heutige Finanzlage der öffentlichen Körperschaften und Sozialversicherungsträger, auch bei nicht offenkundiger Unehelichkeit anzufechten, wenn Ersparnisse zu erwarten seien. Anzufechten sei auch, wenn der Ehemann angefochten habe, aber während des Rechtsstreits gestorben sei. Grundsätzlich nicht anzufechten sei, wenn der Wille des Ehemannes gegen eine Anfechtung feststehe oder bei einem Ehemann, der sicher noch lebe, der Wille nicht feststellbar sei. Der Wille könne jedoch bei überwiegenden Interessen der Öffentlichkeit oder des Kindes überstimmt werden. In diesen Fällen sei dem Ministerium vor Einleitung des Verfahrens zu berichten. Karl Haff sah in „§ 1595a BGB sowie auch [in den] Richtlinien des Rechtsausschusses des Länderrats der amerikanischen Besatzungszone [...] einen typisch totalitären Staatsgedanken", weil der Oberstaatsanwaltschaft eine Entscheidung übertragen werde, „die im konstitutionellen deutschen Staate dem Ehemann allein überlassen war"[48]. Dem ist wenig hinzuzufügen.

e) Fazit

Für die amerikanische Besatzungszone lässt sich eine einheitliche Entwicklung beobachten. In den Jahren 1946/47 ging man mit § 1595a BGB in der Regel sehr zurückhaltend um. In Bayern wurde diese Praxis durch die jeweils zuständigen Oberstaatsanwälte geprägt, in Württemberg-Baden oder Hessen erließen die Justizministerien bereits früh entsprechende Richtlinien, die zwar wenig präzise formuliert waren, aber jeweils einen zurückhaltenden Umgang mit § 1595a BGB anwie-

---

[47] Vgl. Karl Haff, Zur Anfechtung der Ehelichkeit von Kindern gem. §1595a BGB durch den Staatsanwalt nach „Richtlinien", in: SJZ 5 (1950), Sp. 485–488, hier Sp. 485; zweifelnd auch Schmidt/Zipfel, Die Ehelichkeitsanfechtung durch den Staatsanwalt, in: NJW 4 (1951), S. 253–255, hier S. 253.
[48] Haff, Anfechtung der Ehelichkeit, Sp. 487.

sen. Die hessischen Richtlinien gingen vom „Grundsatz der Nichteinmischung des Staates in Familienangelegenheiten" aus und legten damit das überkommene Bild der bürgerlichen staatsfernen Familie zugrunde. Württemberg-Baden hielt zwar die Ehelichkeitsanfechtung zur „Reinerhaltung der Familienehre" und zur „Schonung der öffentlichen Mittel für den Kindesunterhalt" für denkbar, vor allem wenn der Ehemann der Mutter vermisst war. Aber auch hier grenzte man sich deutlich dagegen ab, wie vor 1945 „nahezu ohne jegliche Beschränkungen [...] in die Familienangelegenheiten" einzugreifen. Vor allem wurde der tatsächliche oder mutmaßliche Wille des Ehemanns oder seiner Familie respektiert.

Im Laufe des Jahres 1948 hingegen nahm man von der alten bürgerlichen Vorstellung der staatsfernen Familie schnell wieder Abschied: Die Auffassung, dass sich der Oberstaatsanwalt nicht einzumischen habe, sei wegen der „Bedeutung der Familie auch im demokratischen Staatsleben" abzulehnen; die Oberstaatsanwälte sollten „nicht zu engherzig" vorgehen. Damit wurde der Familie über die Verbindung ihrer einzelnen Mitglieder hinaus (wieder) eine Funktion in Gemeinschaftsleben zugeschrieben, die sie nur erfüllen konnte, wenn ihre Ehre „reinerhalten" wurde – wenn nötig durch Eingriffe von außen. Nach kurzer Unsicherheit ging man 1948 offenbar davon aus, die richtigen Maßstäbe für die Reinerhaltung der Familie zu kennen, indem man auf rigide moralische Vorstellungen zurückgriff. Eine quantitative Analyse der Akten aus Amberg kann dies eindrucksvoll illustrieren: Unter den rund 350 R-Sachen aus dem Jahr 1946 findet sich keine staatsanwaltliche Ehelichkeitsanfechtung; 1947 waren es drei Anfechtungen bei etwa 500 R-Sachen, 1948 schon 23 bei circa 550 R-Sachen und 1949 schließlich 57 bei rund 600 R-Sachen. Während die drei Verfahren aus dem Jahr 1947 weniger als zehn Prozent der Ehelichkeitsanfechtungen insgesamt ausmachen, also die meisten Verfahren von Ehemännern, auch solchen in westlicher Kriegsgefangenschaft, eingeleitet wurden, veränderte sich dieses Verhältnis in der ersten Hälfte des Jahres 1948. Im Jahr darauf machen die staatsanwaltschaftlichen Ehelichkeitsanfechtungen dann über 90 Prozent aller Ehelichkeitsanfechtungen aus.

Eine weitere Neuerung war die von Ministerialrat Goggumos propagierte „Aufhellung der Person" die zum „Begriff der Persönlichkeit" gehöre. Nahm man den Gedanken ernst, dass die Menschenwürde unter allen Umständen die Klärung der Abstammung erfordere, verloren die Tatbestandsmerkmale „Kindesinteresse" und „öffentliches Interesse" in § 1595a BGB letztlich ihre kritische Funktion, weil dann der Oberstaatsanwalt immer anzufechten hatte, wenn es Hinweise auf ein Auseinanderfallen von biologischer und rechtlicher Vaterschaft gab. Woher Guggumos diese Gedanken bezog, bleibt ebenso unklar wie die Frage, warum sich diese Auffassung durchsetzen konnte. Vielleicht lieferte sie einfach eine weltanschaulich unverfängliche Begründung dafür, mit § 1595a BGB umzugehen wie bisher, also immer dann anzufechten, wenn man dies – warum auch immer – für erforderlich hielt, ohne auf Familien- oder schnöde materielle Kindesinteressen achten zu müssen, weil das ideelle Interesse des Kindes angeblich immer die Anfechtung erforderte. Ehelichkeitsanfechtungen aus materiellen Gründen, vor allem aufgrund des Erbrechts des unehelichen Kindes nach dem Ehemann der Mutter und seinen Verwandten wurden durch das Verschweigen der tatsächlichen Gründe und die moralische wie ideelle Überhöhung möglich.

3. Französische Zone

a) *Die Leitentscheidung*

Eine ministeriale Leitentscheidung zur Anwendung des § 1595a BGB in der französischen Zone ist nicht aufzufinden. Trotzdem lohnt sich ein Blick auf die Akten des Landgerichts im badischen Offenburg[49], weil sich die Praxis des dortigen Oberstaatsanwalts ganz erheblich von derjenigen in Bayern und in der amerikanischen Besatzungszone insgesamt unterschied. Als Leitgedanke lässt sich über die gesamten Besatzungsjahre hinweg eine starke Zurückhaltung im Umgang mit § 1595a BGB ausmachen. Der Aktenbestand ist noch aus einem weiteren Grund interessant. Im Archiv des Landgerichts Offenburg ist der einzige vom Verfasser ermittelte Bestand an vollständigen Hs-Akten aus den Jahren zwischen 1946 und 1949 überliefert, aus denen sich die Entscheidungsfindung der Staatsanwaltschaft über die Klageerhebung nachvollziehen lässt. Hier finden sich die grundsätzlichen Erwägungen, hatte das Landgericht doch – wie gesehen – kein Entscheidungsermessen. Aus den Akten lässt sich ersehen, dass in nahezu 50 Prozent der Fälle – 63 von 135 – von der Klageerhebung abgesehen

---

[49] Zur Ehelichkeitsanfechtung durch den Oberstaatsanwalt am LG Offenburg vgl. umfassend Löhnig, Justiz, S. 64 ff.; das Folgende nach ebenda.

wurde. Bereits dieser Befund deutet darauf hin, dass man die Klärung der Abstammungsverhältnisse als solche nicht als im öffentlichen Interesse stehend angesehen haben dürfte.

Dass eine ministeriale Entscheidung ergangen sein muss, ergibt sich aus den Akten des Verfahrens 1 Hs 11/49 – eingeleitet zu einer Zeit, in der die bayerischen Richtlinien schon geraume Zeit bestanden und die dortige Praxis massiv verändert hatten. Ein Rechtsanwalt teilte der Staatsanwaltschaft mit, dass die geschiedene Ehefrau seines Mandanten schon bei der Heirat von einem anderen Mann schwanger gewesen sei. Sein Mandant habe sie jedoch aus Mitleid geheiratet und die Ehelichkeit nicht angefochten, obwohl den Eheleuten klar gewesen sei, dass das Kind von einem anderen Mann stamme. 1946 sei die Ehe geschieden worden, sein Mandant habe erneut geheiratet. Der Oberstaatsanwalt möge Ehelichkeitsanfechtungsklage erheben, sein Mandant wolle für das Kind nicht mehr zahlen. Der Oberstaatsanwalt lehnte eine Anfechtung ab. Der Ehemann habe bei der Hochzeit gewusst, was er tat, und nicht angefochten. Er habe überdies auch 1946 nach der Scheidung nichts unternommen. Ihm gehe es nur ums Geld, finanzielle Aspekte könnten eine Anfechtung jedoch nicht begründen; eine entsprechende Direktive – die sich in den Akten leider nicht finden lässt – sei kürzlich an die Oberstaasanwälte ergangen. Es sei vielmehr im Kindesinteresse, die Ehelichkeit beizubehalten, denn die Stellung eines unehelichen Kindes sei in allen Beziehungen schlechter als die eines ehelichen Kindes. Der Rechtsanwalt des geschiedenen Mannes beschwerte sich gegen die Entscheidung des Oberstaatsanwalts und legte Dienstbeschwerde ein, weil der Oberstaatsanwalt sein Ermessen falsch ausgeübt habe. Öffentliches Interesse wie Kindesinteresse verlangten die Richtigstellung des Personenstands. Diese Aussage belegte der Rechtsanwalt mit den Aussagen von Ministerialrat Guggumos zu Menschenwürde und Aufdeckung der Abstammung. Der Freiburger Generalstaatsanwalt wies die Dienstbeschwerde lapidar zurück, weil es nicht um Interessen der Öffentlichkeit oder des Kindes gehe, sondern allein um finanzielle Privatinteressen des Ehemanns.

b) *Die Offenburger Praxis*

Häufigste Begründung für die Ablehnung der Erhebung der Anfechtungsklage war, dass der Ehemann selbst Gelegenheit zur Anfechtung habe. Im Verfahren 1 Hs 6/49, in dem die Anfechtungsfrist des Ehemanns offenbar noch lief, erläuterte die Staatsanwaltschaft erstmals ausführlicher, dass und inwieweit sie den ehemännlichen Willen als vorrangig ansah: Da der (vermisste) Ehemann lebe und nicht angefochten habe, komme eine Anfechtungsklage nur in Frage, falls ein ganz besonderer Fall vorliege und die Anfechtung im Interesse des Kindes unbedingt geboten erscheine. Später erhob in diesem Fall in der Tat der Ehemann selbst Klage. Das Abwarten der Rückkehr des Ehemanns war auch in zahlreichen weiteren Verfahren der Grund für die Ablehnung der Klageerhebung.

Vor allem das städtische Jugendamt Lahr, in dessen Bezirk sich ein großes Flüchtlingslager befand, wurde von der Oberstaatsanwaltschaft am Anfang allerdings praktisch immer abgewiesen, vielleicht weil man gerade bei Flüchtlingen eine mögliche Familienzusammenführung abwarten wollte, da heimkehrende Soldaten, die aus den verlorenen Gebieten stammten, nicht einfach an die letzte gemeinsame Wohnung zurückkehren konnten. Die erste Klageerhebung erfolgte im Verfahren 2 Hs 6/47. Erst seit Mitte 1947 reagierte die Oberstaatsanwaltschaft häufiger auch auf die Anzeigen aus Lahr. Die etwa 20 zuvor erfolgten Anzeigen waren stereotyp mit dem Hinweis beschieden worden, der zurückkehrende Ehemann könne noch klagen. Von einer „Klageroutine" zwischen Jugendamt und Oberstaatsanwaltschaft, wie die Amberger Aktenzeichengruppen sie nahelegen, konnte aber auch anschließend nicht die Rede sein. Allerdings scheinen die Fälle aus Lahr anders als die Fälle Einheimischer behandelt worden zu sein, wie noch zu zeigen sein wird.

Bereits 1946 wurde dagegen die Anfechtung in Fällen durchgeführt, in denen der biologische Vater für das Kind sorgte oder sogar eine Heirat der biologischen Eltern geplant war. So im Fall 1 Hs 9/46, in dem der Vater, ein französischer Zwangsarbeiter, das Kind anerkannte. Ähnlich im Fall 1 Hs 10/46, in dem der Vater, ein Spanier, das Kind anerkannte und eine Heirat mit der Mutter plante. Allerdings wurde auch in derartigen Fällen der Primat des Ehemanns akzeptiert, der sich in Kriegsgefangenschaft befand. 1 Hs 15/46 ist eines von mehreren Verfahren, in denen die Staatsanwaltschaft ausführte, der Ehemann habe sein Anfechtungsrecht noch nicht verloren, so dass es irrelevant sei, dass Vater und Mutter heiraten wollten. Dies führte freilich auch in Fällen, in denen das Kind in eine Familie seiner biologischen Eltern hätte integriert werden können, zu einer Ausdehnung der Herrschaft des kriegsgefangenen Ehemanns über sein uneheliches Kind, denn der Ehemann konnte auf diese Weise zu verhindern versuchen, dass sich seine Frau von ihm abwandte. Er konnte sich auch schlicht für ihre Untreue rächen. Oder er herrschte mit kalter Hand über seine Ehefrau und ihr Kind, wie im Verfahren 2 Hs 26/49, in dem die biologischen Eltern des 1949 geborenen Kindes heiraten wollten und sich nach einigem Zögern der Oberstaatsanwaltschaft das Verfahren schließlich durch Todeserklärung des vermissten Ehemannes nach §§ 1, 4, 9 Abs. 3 Verschollenheitsgesetz erledigte.

In manchen Fällen wurde an die Oberstaatsanwaltschaft mit moralisierendem Vortrag herangetreten. Im Verfahren 1 Hs 20/46 beschwerte sich der Bürgermeister einer kleinen badischen Gemeinde, dass der Ehemann aus der Gefangenschaft zurückgekehrt sei, „diese Angelegenheit", also das uneheliche Kind seiner Frau, scheinbar stillschweigend hingenommen habe und nicht daran denke, die Ehelichkeit seines Kindes anzufechten. In der Argumentation des Bürgermeisters scheint die Vorstellung durch, man müsse für Ordnung in Abstammungssachen sorgen, wenn ein pflichtvergessener Ehemann dies nicht tue. Die Oberstaatsanwaltschaft zog sich auf die offene Anfechtungsfrist zurück und ließ diese Frage offen. Im Aktenbestand findet sich bis 1949 kein weiterer Versuch, den Oberstaatsanwalt in diesem Fall zur Erhebung der Ehelichkeitsanfechtungsklage zu bewegen. Im Verfahren 2 Hs 4/47 erschien der Pfleger des betroffenen Kindes bei der Staatsanwaltschaft, weil er Zweifel daran hatte, dass das Kind vom gefallenen Ehemann der Mutter stammte. Vater sei vielmehr ein Mann, der bei der Witwe auf dem Hof arbeite. Die Witwe gehe ebenfalls davon aus, obwohl sie zur Empfängniszeit sowohl mit dem Ehemann als auch mit dem Arbeiter Geschlechtsverkehr gehabt habe. Dieses Verfahren war als Verfahren 2 R 7/46 zunächst schnell abgeschlossen worden, weil eine Anfechtung weder im Kindesinteresse noch im öffentlichen Interesse liege. Im Dezember 1946 war jedoch das Kreisjugendamt an die Oberstaatsanwaltschaft herangetreten und hatte erläutert, dass die Anfechtung im öffentlichen Interesse stehe. Das Kreisjugendamt bezog sich dabei auf den Bericht einer Außenfürsorgerin, die das Zusammenleben der Mutter mit ihrem 12 Jahre jüngeren Knecht für ein öffentliches Ärgernis hielt, da dieser zum Zeitpunkt der Zeugung des gemeinsamen Kindes erst 16 Jahre alt gewesen sei. Dieses öffentliche Ärgernis lasse sich zwar durch die Anfechtung wohl nicht aus der Welt schaffen, die Angelegenheit könne aber „in gewisser Beziehung an den Pranger gestellt" und so „als Unrecht angesehen" werden. Der Bürgermeister des kleinen Orts teile diese Auffassung.

Der Oberstaatsanwalt führte demgegenüber aus, dass die Vaterschaft des Ehemanns ja nicht ausgeschlossen sei, wenn die Frau mit beiden Männern verkehrt habe. Außerdem sehe er nach wie vor kein öffentliches Interesse an der Anfechtung und vor allem kein Interesse des Kindes, seinen Status als eheliches Kind zu verlieren. Bemerkenswert ist in diesem Verfahren, dass der Pfleger des Kindes aus moralischen Erwägungen gegen des Interesse seines Pfleglings handelte, während das Gericht derartigen Erwägungen auch im öffentlichen Interesse nicht offenstand, obschon das Verhältnis einer 28jährigen Frau mit ihrem minderjährigen Knecht eine durchaus pikante Angelegenheit war, und außerdem den Wert des ehelichen Status für das Kind betonte.

Im Offenburger Bestand finden sich allerdings auch circa zwei Dutzend „glatte" Verfahren, in denen die Ehelichkeitsanfechtungsklage mit zwei Sätzen begründet wurde, weil der Ehemann entweder gefallen oder an der Ostfront vermisst war. Diese Fälle tragen zum größten Teil das Aktenzeichen 3 Hs und betreffen damit das Referat, das auch für das Flüchtlingslager Lahr zuständig war, auf das sich diese Fälle beziehen. Speziell hier ist eine Veränderung im Umgang mit § 1595a BGB zu beobachten, die sich ansonsten nicht feststellen lässt. Der Ehemann war in diesen seit Mitte 1947 eingereichten Klagen vermisst und hatte von der Geburt des Kindes keine Kenntnis. Außerdem – so der Oberstaatsanwalt – liege die Anfechtung im Kindesinteresse, weil das Kind Unterhalt brauche und die Mutter mittellos sei, der Erzeuger aber ohne Anfechtung nicht in Anspruch genommen werden könne. Derartige Ausführungen finden sich in etwas älteren Akten noch nicht. Im Laufe des Jahres 1948 wurden die Akten immer karger. Die Abteilung 3 der Staatsanwaltschaft klagte nunmehr ohne Weiteres, so etwa im Verfahren 3 Hs 4/48, obschon bekannt war, dass sich der Ehemann der Mutter in sowjetischer Gefangenschaft befand. Die karge Klageschrift widerlegte nur die Beiwohnungsvermutung und führte zu § 1595a BGB nichts aus, in der Akte finden sich außerdem lediglich die Terminbestimmung mit Ladung des beklagten Kindes, die karge Stellungnahme des Jugendamts als Pfleger, die Beweisaufnahme mit der Vernehmung der Mutter, das kurze Protokoll zum Termin, und ein knappes Urteil, das ebenfalls nichts zu § 1595a BGB ausführte, sondern nur die Beiwohnungsvermutung anhand der Tatsachen widerlegte. In den Fällen aus Lahr wurde künftig fast nur noch geklagt und geurteilt. Im Verfahren 3 Hs 12/49 hatte die Frau zwei Kinder geboren, eines 1946 und eines 1949. Das Jugendamt Lahr stellte fest, dass die Kinder von zwei verschiedenen Vätern stammten, beides verheiratete Männer. Die Kinder hätten ein rechtliches Interesse an der Anfechtung, insbesondere wegen des Unterhalts. Der bearbeitende Oberstaatsanwalt notierte in der Akte, dass nach einer neuen Weisung die Anfechtung lediglich aus finanziellen Gründen nicht mehr erfolgen solle und focht deshalb nicht an. Leider war auch diese Weisung weder in den Beständen des Gerichts noch in denen des badischen Justizministeriums aufzufinden. Diese Weisung ist erstaunlich, denn wenn der Ehemann der Frau vermisst und wahrscheinlich gefallen war und die verheirateten Väter nicht bezahlten, fielen die Kinder der öffentlichen Fürsorge zur Last. Gerade dies war in den Ländern der amerikanischen Besatzungszone Anfechtungsgrund genug.

c) *Fazit*

Die Staatsanwaltschaft Offenburg handhabte § 1595a BGB sehr zurückhaltend, wobei die unterschiedlichen Abteilungen, die dem Oberstaatsanwalt zuarbeiteten, nicht immer einheitlich vorgingen. Maßgebliches Kriterium war zunächst die Rücksicht auf den Willen des Ehemanns der Mutter, dem nicht vorgegriffen werden sollte, selbst wenn eigentlich die Voraussetzungen des § 1595a BGB gegeben waren, weil der Aufenthalt des Ehemanns unbekannt und die einjährige Wartefrist der Staatsanwaltschaft abgelaufen war. Auf diese Weise konnte es freilich geschehen, dass der Ehemann aus der Gefangenschaft oder aus dem Soldatengrab über seine Ehefrau und ihr nichteheliches Kind herrschte. Solche Fälle ergaben sich nicht zuletzt deshalb, weil der Lauf der Anfechtungsfrist des Ehemanns kraft Gesetzes gehemmt war oder diese mangels Kenntnis des Ehemanns von der Geburt überhaupt nicht angelaufen war. Sogar das sehr gewichtige Interesse des Kindes an der Zuordnung zu seinem biologischen Vater konnte durchaus hinter die Vorherrschaft des Willens des Ehemanns zurücktreten. Moralische Argumente lösten eine Anfechtungsklage ebensowenig aus wie der Vortrag privater Vermögensinteressen, insbesondere bezüglich erbrechtlicher Ansprüche des vermeintlich ehelichen Kindes. Der Freiburger Generalstaatsanwalt grenzte sich deutlich von der Praxis in der amerikanischen Besatzungszone ab und ging im Rahmen einer Dienstaufsichtsbeschwerde ganz offensichtlich nicht davon aus, dass die „Aufhellung des Personenstandes" irgendeinen Zusammenhang mit der Menschenwürde des Kindes habe. Bis 1949 hielt man in Offenburg also eine restriktive Linie bei der Anwendung des § 1595a BGB durch.

Allerdings wurde bei Fällen aus dem Flüchtlingslager Lahr offenbar eine Zeitlang abweichend verfahren und in aller Regel angefochten, vermutlich um die öffentlichen Kassen zu entlasten und andere Unterhaltsschuldner in Anspruch nehmen oder vielleicht auch die unehelichen Flüchtlingskinder in Fürsorgeeinrichtungen abschieben zu können. Es war wohl vor allem diese Praxis, der 1949 eine Dienstanweisung schließlich Einhalt gebot. Diese Weisung, die in den Archiven und Registraturen nicht aufzufinden war, untersagte eine Anfechtung aus finanziellen Gründen. Die Offenburger Praxis ist für die französische Besatzungszone kein Sonderfall. Dies zeigt sich bei einem vergleichenden Blick auf die R-Akten aus Konstanz, in denen sich zahlenmäßig noch weniger Fälle als in Offenburg finden; allerdings hielten sich im Gerichtsbezirk auch deutlich weniger Flüchtlinge auf. Eine möglichst umfassende Anwendung des § 1595a BGB, wie sie seit 1948 erst in Bayern und dann in der gesamten amerikanischen Besatzungszone erfolgte, lässt sich auch in Konstanz nicht beobachten. Vielmehr machte der Konstanzer Oberstaatsanwalt von § 1595a BGB nur sehr zurückhaltend Gebrauch. Noch im Verfahren 2 R 263/49 legte er Wert auf die Feststellung, er werde nur anfechten, wenn das Kind auch tatsächlich in eine Ehe seiner biologischen Eltern eingegliedert werde.

4. Ehelichkeitsanfechtung in der SBZ/DDR

Das Oberste Gericht der DDR ging in seiner Leitentscheidung vom 1. Dezember 1950 von einer Fortgeltung des § 1595a BGB aus. Die Argumente des Obersten Gerichts und der Diskurses in den westlichen Besatzungszonen beziehungsweise in der Bundesrepublik gleichen sich: Es „erhalten auch die übernommenen Gesetze gegebenenfalls einen neuen Inhalt, der der neuen Ordnung entspricht". Damit erteilte das Oberste Gericht der DDR auf Kassationsantrag des Generalstaatsanwalts der DDR der Auffassung des Landgerichts eine Absage, das § 1595a BGB nicht anwenden wollte, weil die Norm zur Durchsetzung der „Belange der Volksgemeinschaft und des Kindes im Hinblick auf die Rassen- und Sippenzugehörigkeit" gedient habe.

Zweifel an der Fortgeltung wurden offenbar immer wieder erhoben; derartige Entscheidungen finden sich beispielsweise in den Akten des Landgerichts Dresden. Im Verfahren 6 R 484/46 wies der Rechtsanwalt des Kindes darauf hin, § 6 des Familienrechtsänderungsgesetzes von 1938 enthalte nationalsozialistisches Gedankengut und gelte deshalb nicht mehr. Es müsse das alte Recht wieder angewendet werden. Diese Auffassung hatte auch das Oberlandesgericht Halle in einem Urteil vom 22. November 1946 immanent vertreten[50], weil es die Neufassung des § 1594 BGB als „ein von nazistischem Gedankengut beherrschtes Gesetz" verwarf und mit dem Verweis auf die übertriebene Bedeutung der Feststellung der blutmäßigen Abstammung ein Argument nannte, das erst recht zur Verwerfung des § 1595a BGB führen musste. In der veröffentlichten Rechtsprechung der Nachkriegszeit ist dies allerdings die einzige Entscheidung, die davon ausging, dass § 1595a BGB nicht mehr in Kraft war. Das Gericht konnte sich mit seiner Rechtsprechung jedoch nicht durchsetzen. In den zahlreichen Aufsätzen und Entscheidungsanmerkungen, die sich mit § 1595a BGB beschäftigten[51], wurde unterschiedslos die Fortgeltung der Norm angenommen. Die Behauptung aus dem Jahr 1947, „vielfach" werde die Auffassung vertreten, § 1595a BGB gelte nicht mehr[52], ist deshalb schlicht aus der Luft gegriffen.

Im Verfahren 9 R 647/46 war das beklagte Kind ausnahmsweise anwaltlich vertreten. Offensichtlich hatte der Rechtsanwalt Zweifel an der Fortgeltung des § 1595a BGB vorgetragen. In seinem Urteil vom 7. August 1947 führte das Gericht aus: Wenn auch die Einwendungen des Beklagten, es handle sich um rein nazistisches Gedankengut,

---

[50] Vgl. OLG Halle, Urteil vom 22.11.1946 – 1 W 93/46, in: JR 1 (1947), S. 54.
[51] Vgl. KG 2. ZS, Urteil vom 1.8.1947 – 2U 66/47/26, in: NJW 1 (1947/48), S. 388 f.; OLG Hessen, ZS Kassel, Beschluß vom 29.9.1948 – UH 5/48, in: NJW 2 (1949), S. 385 ff., hier S. 385; Oberster Gerichtshof für die Britische Zone, II. Zivilsenat, Urteil vom 11.4.1949, II ZS 90/48, in: OGHZ 2 (1949), S. 35 und S. 39; Gerhard Erdsiek, Chronik der Rechtsentwicklung – Gesetzgebung des Kontrollrates und der Militärregierung in Deutschland, in: DRZ 1 (1946), S. 84; Clemens, Die Anfechtung der Ehelichkeit durch den Oberstaatsanwalt, in: MDR 1 (1947), S. 221 f., hier S. 221; Hans Dölle, Die Härtemilderungsklage, in: SJZ 2 (1947), Sp. 157–168, hier Sp. 157; Günther Beitzke, Anmerkung zu KG 2. ZS, Urteil vom 1.8.1947 – 2U 66/47/26, in: SJZ 3 (1948), Sp. 263 ff., hier Sp. 263; das Urteil ist zu finden in SJZ 3 (1948), Sp. 262 f., sowie in NJW 1 (1947/48), S. 388 f.; Guggumos, Anfechtung, Sp. 247; Guggumos, Bemerkung, S. 388; Ulrich Habel, Ehelichkeitsanfechtung durch den Oberstaatsanwalt?, in: JR 7 (1948), S. 176 f., hier S. 176; Boehmer, Rechtsstellung, S. 53; Fritz Reuß, Zur Anwendbarkeit einiger erbrechtlicher und familienrechtlicher Bestimmungen, in: NJW 2 (1949), S. 58 f., hier S. 58; Schrodt, Anmerkung.
[52] Clemens, Anfechtung, S. 221.

durchaus beachtlich erschienen, so müsse dennoch der Klage stattgegeben werden, weil § 1595a BGB bisher vom Kontrollrat noch nicht aufgehoben worden sei und in dieser Gesetzesbestimmung die Entscheidung darüber, ob eine Anfechtung im öffentlichen Interesse oder Kindesinteresse geboten erscheine, allein der Staatsanwaltschaft überlassen bleibe. Hier verneinte das Gericht also ausdrücklich eine eigene Prüfungsbefugnis und befand sich damit im Einklang mit den meisten Entscheidungen; immerhin thematisierte es diese Frage überhaupt. Lediglich das Hanseatische Oberlandesgericht hatte die Prüfungsbefugnis einmal bejaht, ohne sich damit durchzusetzen.

Das Oberste Gericht ging davon aus, § 1595a BGB sei immer dann anzuwenden, wenn die Anfechtung dem Kindesinteresse diene, solange das Kind nicht vom Gesetzgeber selbst ein Anfechtungsrecht erhalte. Ein solches stand seit Inkrafttreten des Gesetzes über den Mutter- und Kinderschutz und die Rechte der Frau vom 27. September 1950 (§ 14) auch der Mutter des Kindes zu, nicht aber dem Kind selbst. Dabei sah sich das Gericht im Einklang mit dem (West-)Berliner Kammergericht[53], das also auch Ende 1950 in der DDR noch zitierfähig war. Im konkreten Fall ging es um die Eingliederung des Kindes in eine Ehe der biologischen Eltern, nachdem der Ehemann der Mutter verstorben war.

Im Anschluss an Hans Nathan, der ausgeführt hatte, im „demokratischen Staat [sei] die Frage, ob ein Kind von diesem oder jenem Erzeuger abstammt, grundsätzlich Privatsache der Beteiligten"[54], lehnte der Oberste Gericht die Auffassung ab, es bestehe ein öffentliches Interesse an der Feststellung des wahren Vaters; § 1595a BGB diene überdies der Abwälzung von öffentlichen Unterhaltspflichten. Insoweit stellte sich der Oberste Gericht vor allem gegen die Praxis der Bizone. Schließlich grenzte sich das Oberste Gericht unter Verweis auf eine nicht näher zitierte Entscheidung des Oberlandesgerichts Kiel noch von der dort geäußerten Auffassung ab, § 1595a BGB sei deshalb nicht anzuwenden, weil das Anfechtungsrecht „Ausfluß des Individualanspruchs" des Ehemanns sei und somit gegen den Gleichberechtigungsgrundsatz verstoße.

Während sich in den westlichen Zonen und in der Bundesrepublik eine Entwicklung hin zu einer immer weitergehenden Anwendung des

---

[53] Vgl. Urteil des KG vom 1.8.47 – 2U 66/47/26, in: JR 2 (1948), S. 129f., hier S. 129.
[54] Hans Nathan, Anmerkung zu: OLG Dresden, Beschluss vom 6.11.1948 – 3 W 189/48, in: NJ 3 (1949), S. 67ff.

§ 1595a BGB feststellen lässt, verlief die Entwicklung in der DDR in die entgegengesetzte Richtung, wie eine Analyse der – allerdings stark ausgedünnten – R-Akten des Landgerichts Dresden aus den Jahren zwischen 1945 und 1949 zeigt. Obwohl nur noch die Urteile erhalten sind, kann bereits eine quantitative Analyse einigen Aufschluss bieten, zumal sich das Verhältnis von privaten und staatsanwaltschaftlichen Ehelichkeitsanfechtungen zwischen 1945 und 1949 stark verändert hat. So waren etwa 1948 staatsanwaltschaftliche und private Anfechtungen etwa in gleichem Maße vertreten, während 1946 überhaupt nur zwischen fünf und zehn Prozent der Ehelichkeitsanfechtungsklagen von privaten Klägern erhoben wurden. Dieses Verhältnis erstaunt im Vergleich zu den ausgewerteten Beständen aus den Westzonen, bei denen sich umgekehrt zunächst ein Übergewicht der privaten Anfechtungsklagen feststellen lässt, das nach und nach zurückgegangen ist.

Die Verfahren vor dem Landgericht Dresden wurden in großer Zahl und gleichsam schematisch abgewickelt: Nahezu alle Entscheidungen enthalten folgenden identischen Begründungssatz: „Aufgrund der glaubhaften Aussage der Zeugin [Name der Ehefrau], auf deren Vereidigung der Kläger ausdrücklich verzichtet hat, war auszusprechen, daß die/der Beklagte kein Kind des Ehemannes [...] ist." Nur in einer geringen Zahl von Urteilen wird darüber hinaus überhaupt festgestellt, dass die Voraussetzungen des § 1595a BGB gegeben seien. Nur in wenigen Verfahren trug die Oberstaatsanwaltschaft das Vorliegen der Voraussetzungen des § 1595a BGB sauber vor. Zuweilen wurden schiefe Begründungen gegeben, so etwa im Verfahren 9 R 498/48, wo der Oberstaatsanwalt lediglich darauf hinwies, die Frau habe mit einem anderen Mann Geschlechtsverkehr gehabt. Häufiger – etwa im Verfahren 9 R 559/48 – hieß es phrasenhaft, der Ehemann könne die Ehelichkeit des Beklagten nicht anfechten, so dass der Kläger ohne Weiteres zur Anfechtung legitimiert sei. Wiederholt wurde auf die Klärung des Familienstands verwiesen, die im öffentlichen Interesse und im Kindesinteresse liege, wie im Verfahren 9 R 439/48. Auch das Argument findet sich – beispielsweise im Verfahren 8 R 404/46 –, es komme nicht darauf an, warum der Ehemann die Anfechtungsfrist habe verstreichen lassen, denn § 1594 BGB normiere für die Oberstaatsanwaltschaft lediglich eine Wartefrist.

Auch wenn die Quellenlage vergleichsweise dürftig ist, lässt sich aus diesen Zeilen doch eine recht unreflektierte Übernahme der Praxis aus der Zeit vor 1945 erkennen. Das gilt für die bloße Wartefrist, die keinen Respekt für die Entscheidung des Ehemannes gegen die Anfechtung zeigt, genauso wie für die Behauptung, dass die Klärung des Personenstands im öffentlichen Interesse wie im Kindesinteresse liege. Der Umgang mit dem staatsanwaltschaftlichen Anfechtungsrecht erscheint hier am routinemäßigsten.

5. Zwischenergebnis

Der Umgang mit § 1595a BGB nach 1945 war ebenso uneinheitlich wie ahistorisch. In aller Regel wurde § 1595a BGB sowohl aus seinem nationalsozialistischen Kontext als auch aus dem Kontext des Weimarer Reformdiskurses gerissen. Wie nach 1945 „vernünftige und brauchbare" Ergebnisse erzielt werden konnten, gab freilich auch der Alliierte Kontrollrat vor: Die Besinnung auf den Wortlaut der Norm sollte nach der angloamerikanischen „plain meaning rule" den Gesetzeszweck unverfälscht zum Ausdruck bringen. In der Sondersituation Deutschlands nach 1945 geschah aber das Gegenteil, so dass Orientierungslosigkeit die Folge war. So entstand zunächst für eine von Landgerichtsbezirk zu Landgerichtsbezirk unterschiedliche Praxis im Umgang mit § 1595a BGB, bevor auf der Ebene der einzelnen Besatzungszonen durch Absprachen und entsprechende Anweisungen nach und nach Einheitlichkeit hergestellt wurde. Zwischen den Zonen differierte die Anwendung des § 1595a BGB aber ganz erheblich.

Während man Dresden anscheinend zunächst unreflektiert ebenso verfuhr wie vor 1945, beschränkte das Oberste Gericht der DDR die Anwendung des § 1595a BGB schließlich auf den Fall des Kindesinteresses, nachdem der Gesetzgeber auch der Mutter ein Anfechtungsrecht gegeben hatte. In der Bundesrepublik konnte es – mangels eines Kassationsverfahrens – zu keiner Befassung des BGH mit § 1595a BGB kommen, so dass die unterschiedliche Praxis aus den einzelnen Besatzungszonen fortgeführt worden sein dürfte: die umfassende Anwendung des § 1595a BGB in den Ländern der amerikanischen und britischen Besatzungszone unter Berufung auf das angebliche verfassungsrechtliche Gebot der Klärung der Abstammung in jedem möglichen Fall, und der eher zurückhaltende Umgang mit § 1595a BGB in den Ländern der französischen Besatzungszone. Im Hintergrund stand freilich stets die Frage, ob und aus welchen Gründen „in der heutigen Zeit" von staatlicher Seite auf die Familie zugegriffen werden durfte. Damit war aber die grundsätzliche Frage nach dem Familienbild der

Nachkriegszeit aufgeworfen. Bei dieser Diskussion hatte die liberale Vorstellung vom Gebot staatlicher Nichteinmischung in Familien nur wenig Aussicht auf Gehör, weil einige Akteure nach dem moralischen Zusammenbruch des Jahres 1945 bereits 1946/47 wieder sehr genau wussten, welche Eingriffsmaßstäbe in der neuen Zeit zutrafen. Eine besonders aktive Rolle bei der Durchsetzung einer weitreichenden Anwendung des § 1595a BGB spielte das bayerische Justizministerium.

IV. Kündigungsschutz

1. Rechtsgrundlagen

Im Jahr 1920 war mit §§ 84 ff. des „Betriebsrätegesetzes" (BRG) erstmals der individuelle Kündigungsschutz von Arbeitnehmern geregelt worden[1]. Die ordentliche Kündigung eines Arbeitsvertrages durch den Arbeitgeber bedurfte nunmehr einer Rechtfertigung. Nach § 84 Abs. 1 Nr. 1 BRG bestand ein Einspruchsrecht des Arbeitnehmers bei dem begründeten Verdacht, dass

„die Kündigung wegen der Zugehörigkeit zu einem bestimmten Geschlecht, wegen politischer, militärischer, konfessioneller oder gewerkschaftlicher Betätigung oder wegen der Zugehörigkeit oder Nichtzugehörigkeit zu einem politischen, konfessionellen oder beruflichen Verein oder einem militärischen Verbande erfolgt ist."

Gleiches galt, wenn die Kündigung ohne Angabe der (wahren) Gründe ausgesprochen wurde (§ 84 Abs. 1 Nr. 2 BRG). Außerdem konnte der Arbeitnehmer Einspruch erheben, wenn er sich berechtigter Weise geweigert hatte, dauernd eine andere als die bei der Einstellung vereinbarte Arbeit zu verrichten (§ 84 Abs. 1 Nr. 3 BRG). Schließlich regelte der Auffangtatbestand des § 84 Abs. 1 Nr. 4 BRG auch das Recht zum Einspruch gegen eine Kündigung, wenn diese für den Arbeitnehmer sich als „eine unbillige, nicht durch das Verhalten des Arbeitnehmers oder durch die Verhältnisse des Betriebs bedingte Härte darstellt". Der Arbeitnehmer hatte seinen Einspruch grundsätzlich an den Arbeiter- oder Angestelltenrat zu richten (§ 84 Abs. 1 BRG). Hielt dieser den Einspruch für begründet, bemühte er sich binnen Wochenfrist um eine Verständigung mit dem Arbeitgeber (§ 86 Abs. 1 BRG). Kam es nicht zu einer Verständigung, konnte der Schlichtungsausschuss angerufen werden, an dessen Stelle nach Maßgabe des „Arbeitsgerichtsgesetzes" vom 23. Dezember 1926 die neugeschaffenen Arbeitsgerichte traten[2]. War der Einspruch nach Auffassung des Gerichts begründet, wurde der Arbeitgeber nach § 87 BRG wahlweise zur Weiterbeschäftigung oder zur Zahlung einer Entschädigung verpflichtet. Anders als nach heute geltendem Recht blieb die Kündigung also wirksam.

---

[1] Vgl. RGBl. 1920 I, S. 147–174, hier S. 167 f.
[2] Vgl. RGBl. 1926 I, S. 507–524.

1934 trat das „Gesetz zur Ordnung der nationalen Arbeit" (AOG) an die Stelle des BRG und anderer Gesetze[3]. Das AOG baute auf den Grundlagen nationalsozialistischer Ideologie auf, indem es den Betriebsführer, die Betriebsgemeinschaft (als Teil der Volksgemeinschaft) und deren gegenseitige Fürsorge- und Treuepflichten konstituierte[4]. Arbeit diente danach nicht mehr nur der Schaffung einer individuellen Verdienst- und Lebensgrundlage, sondern war gleichzeitig Dienst „zum gemeinsamen Nutzen von Volk und Staat" (§ 1 AOG). Für Carl Schmitt brachte das AOG das nationalsozialistische Rechtsdenken am klarsten zum Ausdruck[5]. Nach § 56 AOG konnte ein Arbeiter beziehungsweise Angestellter nach einjähriger Zugehörigkeit zu einem Betrieb mit mindestens zehn Beschäftigten innerhalb von zwei Wochen nach Zugang der Kündigung unter Darlegung einer unbilligen Härte und wegen mangelnder betrieblicher Erforderlichkeit der Kündigung vor dem Arbeitsgericht Klage auf Rücknahme erheben. Auch das AOG sah in § 57 Abs. 1 ein Wahlrecht zwischen Weiterbeschäftigung und Zahlung einer Entschädigung vor. Der Betriebsrat, im AOG herabgestuft zu einem Vertrauensrat, der nicht von den Arbeitnehmern gewählt wurde, hatte hingegen seine Funktion auf dem Feld des Kündigungsschutzes verloren.

Durch das Kontrollratsgesetz Nr. 40 vom 30. November 1946 wurde das „Gesetz zur Ordnung der nationalen Arbeit" samt seinen Durchführungsverordnungen mit Wirkung zum 1. Januar 1947 aufgehoben[6]. Damit bestand nach dem Buchstaben des Gesetzes kein allgemeiner Kündigungsschutz für Arbeitnehmer mehr. Auf Länderebene entstanden teilweise neue Regelungen, die jedoch einen recht unterschiedlichen Gehalt aufwiesen. In Bayern erging beispielsweise das „Kündigungsschutzgesetz" vom 1. August 1947[7], in Hessen wurde – wie auch in einigen anderen Ländern[8] – lediglich der Kündigungsschutz der Betriebsratsmitglieder im Betriebsrätegesetz vom 31. Mai 1948 neu geregelt, wo auch ein Schutz bei Massenentlassungen vorgesehen war[9]. Die Länder der britischen Besatzungszone schufen dagegen keine der-

---

[3] Vgl. RGBl. 1934 I, S. 45.
[4] Vgl. Ramm, Nationalsozialismus und Arbeitsrecht, S. 111.
[5] Schmitt, Arten, S. 53.
[6] Vgl. Kontrollratsgesetz Nr. 40 vom 30.11.1946, in: Sammlung Hemken, Bd. 1.
[7] Vgl. BGVBl. 1947, S. 165 ff.
[8] Vgl die Übersicht bei Ascher, Anwendung, S. 40 f.
[9] Vgl. Gesetz- und Verordnungsblatt für das Land Hessen 1948, S. 117–122.

artigen Landesgesetze, und ein einheitliches „Kündigungsschutzgesetz" für die Bundesrepublik Deutschland trat erst am 14. August 1951 in Kraft[10]. Dieses Gesetz brachte, beruhend auf dem Vorbild des bayerischen Kündigungsschutzgesetzes[11], eine erhebliche Veränderung des Arbeitsrechts mit sich. Während das bisher geltende Recht jede Kündigung von Seiten des Arbeitgebers grundsätzlich anerkannt und nur in besonderen Fällen dem Arbeitnehmer ein Einspruchsrecht gewährt hatte, wurde jetzt der Bestand des Arbeitsverhältnisses geschützt und ein Kündigungsrecht des Arbeitgebers überhaupt nur im Rahmen einer sozialverpflichteten Ausübung anerkannt.

2. Die Anwendung der Kündigungsschutzregelungen aus dem AOG in der amerikanischen und der britischen Zone

Als die Arbeitsgerichte Ende 1946 wieder ihre Tätigkeit aufnahmen, standen die Richter, die über Kündigungswiderrufsklagen von Arbeitnehmern zu entscheiden hatten, vor zwei Fragen: Zunächst hatten sie zu entscheiden, ob das AOG noch angewendet werden konnte oder ob sich die Anwendung dieses ganz offensichtlich auf nationalsozialistischer Ideologie beruhenden Gesetzes nicht verbot, so dass keine Regelungen zum Kündigungsschutz mehr bestanden. Jedenfalls nach Aufhebung des AOG bestanden ganz sicher keine gesetzlichen Regelungen zum Kündigungsschutz mehr, und es stellte sich die Frage, ob und gegebenenfalls wie trotzdem Kündigungsschutz gewährleistet werden konnte. Die Gerichte hatten – wie dies ein Zeitgenosse formulierte – dafür zu sorgen, dass „aus dem gesetzlosen Zustand kein rechtloser" wurde[12]; dies galt insbesondere für die Länder, die kein oder zumindest kein allgemeines Kündigungsschutzrecht eingeführt hatten.

Das Landesarbeitsgericht München hatte sich als zweitinstanzliches Arbeitsgericht in einem Urteil aus dem Jahr 1949 mit der Fortgeltung des AOG zu befassen[13]. Zwar galt 1949 das AOG nicht mehr, jedoch war über einen Sachverhalt aus der Zeit vor der Aufhebung dieses Gesetzes

---

[10] Vgl. BGBl. 1951 I, S. 499–504.
[11] Vgl. Alfred Hueck, Der Kündigungsschutz im Arbeitsrecht, in: SJZ 2 (1947), Sp. 609–616, hier Sp. 612 und Sp. 614.
[12] Ringer, Anmerkung zu LArbG Frankfurt II LA 32/47, in: SJZ 2 (1947), Sp. 388f., hier Sp. 389.
[13] Vgl. Landesarbeitsgericht München 40/48, in: BB 4 (1949), S. 475.

zu entscheiden. Ein Heizungs- und Maschinenmeister war am 17. Januar 1946 im Zuge der Entnazifizierung und auf ausdrücklichen Antrag des Betriebsrates fristlos gekündigt worden. Das Gericht führte aus, die formalen Voraussetzungen der Kündigung nach § 56 AOG lägen ebenso vor wie die ebenfalls in § 56 AOG geregelten Voraussetzungen der Klageerhebung. Die zulässige Widerrufsklage wurde als unbegründet abgewiesen, weil die Kündigung auf einem gesetzlichen Entlassungsbefehl beruhe. Das Landesarbeitsgericht München ging in dieser Entscheidung also ohne Weiteres von einer Fortgeltung des AOG bis zum 31. Dezember 1946 aus und wendete das Gesetz deshalb an.

Auch das Arbeitsgericht München war zuvor in erster Instanz ohne Weiteres von einer Fortgeltung des AOG ausgegangen[14]. In der 1948 ergangenen Entscheidung über eine im Dezember 1946 erhobene Klage führte das Gericht aus, der Antrag auf Widerruf der Kündigung habe nach „§ 56 des zur Zeit der Kündigung [...] noch geltenden Gesetzes zur Ordnung der nationalen Arbeit [...] spätestens 2 Wochen nach Zugang der Kündigung beim Arbeitsgericht gestellt werden müssen". Da diese Frist versäumt worden sei, müsse der Antrag abgelehnt werden. In einem weiteren Verfahren legte das Gericht den Antrag des Klägers, „die Beklagte zu verurteilen, die [1944 erfolgte] Kündigung zurückzunehmen", als Kündigungswiderrufsklage nach § 56 AOG aus[15]. Hinsichtlich der Geltung des AOG wurde lediglich vermerkt, dass das Gesetz zum Kündigungszeitpunkt noch in Kraft gewesen sei.

Die Entscheidung des Landesarbeitsgerichts München wurde in einer Entscheidungsbesprechung aus der Feder von Gerhard Müller – Präsident des hessischen Landesarbeitsgerichts in Frankfurt und später Präsident des Bundesarbeitsgerichts – massiv kritisiert[16]. Zwar sei das AOG formal erst zum 1. Januar 1947 außer Kraft getreten, diese Aufhebung habe jedoch nur der Klarstellung gedient, weil das AOG bereits zuvor unanwendbar gewesen sei[17]. Zu erwarten gewesen sei

---

[14] StA München, Arbeitsgericht München Nr. 50, Arbeitsgericht München 4 Ca 63/46, Urteil vom 21.4.1948; vgl. dazu allgemein Ascher, Anwendung.

[15] StA München, Arbeitsgericht München Nr. 48, Arbeitsgericht München 5 Ca 79/44, Urteil vom 4.3.1948.

[16] Vgl. Gebhard Müller, Das Mitbestimmungsrecht der Betriebsräte, in: BB 4 (1949), S. 477.

[17] Dies unter Verweis auf Gerhard Müller, Das Problem des allgemeinen Kündigungsschutzes in der Rechtsprechung der Arbeitsgerichte, in: DRZ 3 (1948), S. 122–125, hier S. 122.

mindestens eine Auseinandersetzung des Gerichts mit der Frage der weiteren Anwendbarkeit des AOG, denn das Gesetz beruhe auf nationalsozialistischen Prinzipien. Weil die Bestimmungen über den Kündigungsschutz, wenn sie auch selbst kein nationalsozialistisches Gedankengut enthielten, mit den übrigen Bestimmungen eine gesetzessystematische Einheit bildeten, dürften sämtliche Bestimmungen eines des Gesetzes nicht mehr angewandt werden, nachdem ein Großteil der Normen seine regelnde Kraft verloren habe.

Es überrascht deshalb nicht, dass das Landesarbeitsgericht Frankfurt nicht von einer Fortgeltung des AOG bis zum 31. Dezember 1946 ausging[18]. In der Leitentscheidung des Gerichts war der Klägerin im September 1946 wegen untragbarer politischer Äußerungen gekündigt worden. Sie hatte eine Kollegin als „Esel" bezeichnet, weil diese bei der Landtagswahl die CDU gewählt hatte, und hinzugefügt, dass man die Kollegin dafür eigentlich ohrfeigen müsse. Das Landesarbeitsgericht Frankfurt nutzte die Gelegenheit zu Ausführungen über die einschlägigen Rechtsgrundlagen des Kündigungsschutzes:

„Für das Arbeitsverhältnis war ein entsprechender Grundsatz in den §§ 84 ff. des Betriebsrätegesetzes vom 4.2.1920 aufgestellt, in der bei der sog. Kündigungseinspruchsklage [...] die Kündigungsgründe nachprüfbar waren. An Stelle der Kündigungseinspruchsklage trat mit gewissen Abänderungen die Kündigungswiderrufsklage gem. § 56 des Gesetzes zur Ordnung der nationalen Arbeit vom 20.2.1934. Beide Gesetze sind inzwischen aufgehoben worden, und zwar das erstere durch § 65 Ziff. 1 des Gesetzes zur Ordnung der nationalen Arbeit und das letztere durch Kontrollratsgesetz Nr. 40 mit Wirkung vom 1.1.1947. Es fehlt sonach z.Zt. an einer gesetzlichen Regelung dieser Frage."

Dass die Kündigung vor Aufhebung des AOG erfolgte, interessierte das Gericht nicht, das sich so Erörterungen zum Außerkrafttreten des dieses Gesetzes ersparen konnte.

Die Rechtsprechung der erstinstanzlichen Arbeitsgerichte in Hessen war zuvor uneinheitlich gewesen, wenngleich lediglich das Arbeitsgericht Wetzlar von einer Fortgeltung des AOG auszugehen schien[19]. Das Gericht führte in einer Entscheidung über eine 1946 erhobene Kündigungswiderspruchsklage aus, dass dem Kläger „zur Berechnung

---

[18] Hierzu und zum Folgenden: Landesarbeitsgericht Frankfurt, in: SJZ 2 (1947), S. 387.
[19] Vgl. dazu Ascher, Anwendung.

der Entschädigung bei einer ungerechtfertigten Entlassung auch jene Bestimmungen des früheren BRG wie auch des späteren AOG zu Gute kommen", ohne zur Geltung dieser Gesetze Stellung zu nehmen[20]. In einer weiteren Entscheidung über eine 1946 ausgesprochene Kündigung führte das Gericht aus, dass „zu der Zeit, als die Beklagte dem Kläger das Arbeitsverhältnis kündigte, das Gesetz zur nationalen Arbeit noch […] gültig war"[21]. Die Schutzbestimmungen dieses Gesetzes müssten „trotz der Aufhebung desselben noch solange Gültigkeit haben, bis sie von anderen noch zu schaffenden Bestimmungen abgelöst werden. Denn die Arbeiter können während einer solchen Übergangszeit nicht ohne Kündigungsschutz bleiben."

Im Ergebnis leitete das Landesarbeitsgericht Frankfurt den Kündigungsschutz aus der Auslegung des Arbeitsvertrags nach „Treu und Glauben" (§ 242 BGB) her. Danach sei eine willkürliche Kündigung ohne billigenswerte Gründe nicht zulässig. Gerade der Arbeitsvertrag bedürfe eines besonderen Schutzes, denn die Arbeitskraft sei Grundlage für die wirtschaftliche Existenz des Arbeitnehmers.

Diese Vorgehensweise des Gerichts dürfte maßgeblich durch einen Vortrag geprägt worden sein, den Landesarbeitsgerichtspräsident Müller auf einer Arbeitsrichtertagung am 23. November 1946 gehalten hatte, als das Kontrollratsgesetz Nr. 40 noch nicht verkündet war[22]. Müller vertrat dabei die Auffassung, die Trennung eines Gesetzes in nichtnationalsozialistische und nationalsozialistische Regelungen komme nicht in Betracht, weil hierdurch Rechtsunsicherheit entstehe und nationalsozialistisches Gedankengut fortgelte. Um nicht hinter das bislang erreichte Niveau des Kündigungsschutzes zurückzufallen, könne und müsse über „Treu und Glauben" eine Kündigungswiderrufsklage zugelassen werden. Diese Form des Kündigungsschutzes entspreche im Wesentlichen § 56 Abs. 2 AOG. Erforderlich sei eine intensive Abwägung zwischen den Interessen des Arbeitnehmers auf der einen Seite und den Interessen des Betriebs auf der anderen Seite. Eine Kündigungswiderrufsklage sei danach dann erfolgreich, wenn die Kündigung sich nicht auf betriebsbedingte Gründe stützen lasse. Ein Fristerfordernis für die Kündigungswiderspruchsklage lasse sich ebenfalls aus § 242 BGB herleiten. Nicht mehr haltbar sei dagegen das

---

[20] HHStA, Abt. 907, Nr. 27, Arbeitsgericht Wetzlar A 43/47, Urteil vom 7. 3. 1947.
[21] HHStA, Abt. 907, Nr. 27, Arbeitsgericht Wetzlar A 31/46, Urteil vom 8. 3. 1947.
[22] Die Rede findet sich im HHStA, Abt. 634, Nr. 21.

Erfordernis der unbilligen Härte und eine Betriebsgröße von mindestens zehn Beschäftigten[23].

Das BRG oder das AOG wurden auch nicht als verstärkende Argumente herangezogen, obschon das Gericht freilich die Wertungen dieser Gesetze inhaltlich übernahm und sie lediglich nach § 242 BGB verpflanzte. Denn materiell enthielten die Regelungen des AOG über den Kündigungsschutz kein spezifisch nationalsozialistisches Gedankengut, sondern begünstigen wie zuvor das BRG die Arbeitnehmer. Die einzige Abweichung zum BRG war die Abschaffung der Mitwirkung des Betriebsrats. Umgekehrt perpetuierte das Gericht mit seiner Anwendung des § 242 BGB die vor allem im Nationalsozialismus entwickelte Kategorie des Arbeitsverhältnisses als „personenrechtliches Treueverhältnis". Ein regelrechter Etikettenschwindel also. Eine zustimmende Anmerkung zu dieser Entscheidung verdeutlicht dies, indem ihr Autor auf die in § 2 AOG niedergelegte Fürsorge- und Treuepflicht verwies, ganz offensichtlich der Anerkennung dieser Pflichten als unmittelbarer Vertragsinhalt zuneigte und die Klärung dieser Rechtsfrage durch die Gerichte anmahnte. Diese ließ nicht lange auf sich warten. Einige Monate später stellte das Landesarbeitsgericht Frankfurt ausdrücklich auf das personenrechtliche Treueverhältnis zwischen Arbeitgeber und Arbeitnehmer ab[24].

Dieses Vorgehen des Landesarbeitsgerichts Frankfurt und seines Präsidenten erstaunt überdies vor dem Hintergrund, dass der Alliierte Kontrollrat sich gerade deshalb gegen eine Aufhebung des AOG durch sein Gesetz Nr. 1 entschieden hatte, weil man eine Fortgeltung des in §§ 56 ff. AOG geregelten Kündigungsschutzrechts für angemessen hielt. Der Etikettenschwindel wäre also zumindest bei Kündigungen, die bis zum 31. Dezember 1946 ausgesprochen wurden, gar nicht erforderlich gewesen. Insbesondere die Amerikaner stimmten nämlich einer Aufhebung erst zu, nachdem die Kontrollratsgesetze Nr. 21, 22 und 35 erlassen worden waren[25]. Im Kontrollratsgesetz Nr. 40 wurde die erwünschte Weitergeltung der Kündigungsschutzvorschriften bis zum 31. Dezember 1946 letztlich ausdrücklich bestätigt[26].

---

[23] Hierzu und zu weiteren Vorträgen auf Fortbildungsveranstaltungen der hessischen Justiz vgl. Ascher, Anwendung, S. 63 ff.
[24] Landesarbeitsgericht Frankfurt, WA 1948 Nr. 6.
[25] Vgl. Etzel, Aufhebung, S. 110.
[26] Vgl. Kontrollratsgesetz Nr. 40 vom 30.11.1946, in: Sammlung Hemken, Bd. 1.

Anders als das Landesarbeitsgericht Frankfurt ging das in der britischen Besatzungszone angesiedelte Landesarbeitsgericht Düsseldorf ohne weiteres von der Fortgeltung des AOG für Kündigungen aus[27], die vor dem 1. Januar 1947 ausgesprochen worden waren[28]. Das Gericht führte schlicht aus, das AOG müsse bei der Entscheidung des vorliegenden Rechtsstreits angewendet werden, obwohl es durch das Kontrollratsgesetz Nr. 40 auch für die britische Zone mit Wirkung vom 1. Januar 1947 aufgehoben worden sei, da der Prozess schon vor der Aufhebung des AOG anhängig gewesen sei.

Davon war zuvor auch das Arbeitsgericht Duisburg als erstinstanzliches Arbeitsgericht ausgegangen, ohne eingehender zu erörtern, ob §§ 56 ff. AOG noch anwendbar seien. Das Arbeitsgericht Duisburg führte beispielsweise aus, ein klägerischer Hilfsantrag sei bereits aufgrund der Versäumung der zweiwöchigen Frist zur Klageerhebung aus § 56 AOG abzuweisen[29]. Darüber hinaus könne sich die Klägerin nicht darauf berufen, dass ihre Entlassung sich als missbräuchliche Ausübung des Kündigungsrechts darstelle. In einer weiteren Entscheidung hatte sich das Gericht mit der Klage eines Landarbeiters zu beschäftigen, der eine zum Hof gehörende Werkswohnung mit sechs Räumen bewohnte, zu der auch eine Stallung und Land zur Eigenbewirtschaftung gehörten[30]. Im April 1946 hatte sich der Kläger dem beklagten Arbeitgeber gegenüber fälschlicherweise als gewählter Betriebsobmann ausgegeben und gegen dessen Willen eine Vorverlegung der Arbeitszeit eingeführt; im Rahmen einer diesbezüglichen Auseinandersetzung hatte der Kläger den Beklagten überdies als „Arbeiterfeind" bezeichnet. Daraufhin kündigte der Beklagte Arbeitsverhältnis und Mietvertrag. Das Gericht führte aus, die auf § 56 AOG gestützte Klage sei zulässig und unbegründet. Den Kläger habe die Kündigung insbesondere im Hinblick auf den Verlust der Werkswohnung zwar außerordentlich hart getroffen. Aufgrund des durch das Verhalten des Klägers erheblich gestörten Arbeitsfriedens könne eine unbillige Härte im Sinne des § 56 AOG jedoch nicht festgestellt werden. Eine unbillige Härte

---

[27] LAV NRW, R, Gerichte Rep. 387, Landesarbeitsgericht Düsseldorf Sa 58/47 und Landesarbeitsgericht Düsseldorf Sa 121/47.
[28] Zur Rechtsprechung des LAG Düsseldorf sowie der Arbeitsgerichte Duisburg und Essen zwischen 1946 und 1949 vgl. eingehend Sonnenschein, Entnazifizierung.
[29] LAV NRW, R, Gerichte Rep. 387, Arbeitsgericht Duisburg Ca 144/46.
[30] LAV NRW, R, Gerichte Rep. 387, Arbeitsgericht Duisburg Ca 80/46.

sah das Gericht auch nicht im Fall eines Klägers, der nach Auffassung des Gerichts durch mangelhafte Buchführung das Vertrauen des Arbeitgebers restlos verspielt hatte[31]. Ein Weiterverbleiben des Klägers im Betrieb gefährde den Bestand und die Leistungen des kleinen Familienunternehmens, die Kündigung sei durch die Verhältnisse des Betriebs bedingt und geradezu geboten.

Nach Aufhebung des AOG stellte sich in der britischen Besatzungszone die Frage nach dem Fortbestand des Kündigungsschutzes für Arbeitnehmer in besonderer Weise, weil keine entsprechenden Landesgesetze ergingen. Zunächst scheint das Arbeitsgericht Duisburg in der Tat mangels gesetzlicher Grundlage keinen Kündigungsschutz mehr gewährt zu haben[32]. Das Gericht wies eine Kündigungswiderrufsklage ab, weil § 56 AOG als rechtliche Grundlage für einen solchen Anspruch durch Kontrollratsgesetz Nr. 40 aufgehoben worden sei. In einem weiteren Verfahren unternahm das Gericht zwar einen Rückgriff auf die zivilrechtlichen Generalklauseln, wollte diese aber offenbar nur recht zurückhaltend anwenden[33]. Das Gericht wies eine Kündigungswiderrufklage ab, weil eine gesetzliche Stütze für Klagen auf Kündigungswiderruf nicht gegeben sei. Die Kündigungswiderrufsklage sei zwar bis 1934 in § 84 BRG und nach 1934 in § 56 AOG gesetzlich verankert gewesen, jedoch sei das BRG durch das AOG und das AOG durch Kontrollratsgesetz Nr. 40 aufgehoben worden. Eine Kündigungswiderrufsklage sei somit nur dann begründet, wenn das Rechtsgeschäft der Kündigung einen gegen „Treu und Glauben" (§ 242 BGB), die „guten Sitten" oder ein gesetzliches Verbot verstoßen würde (§§ 138, 134 BGB) und deshalb nichtig sei.

Wenig später setzte sich das Landesarbeitsgericht Düsseldorf intensiv mit der Frage auseinander ob und auf welche Weise nach Außerkrafttreten des AOG einem Arbeitnehmer Kündigungsschutz gewährt werden könne[34]. Der beklagte Arbeitgeber einer wegen beleidigender Äußerungen gekündigten Buchhalterin trug in der Tat vor, dass die Klägerin gegen eine fristgerechte ordnungsmäßige Kündigung nicht vorgehen könne, weil durch das Kontrollratsgesetz Nr. 40 das „Gesetz zur Ordnung der nationalen Arbeit" aufgehoben worden und

---

[31] LAV NRW, R, Gerichte Rep. 387, Arbeitsgericht Duisburg Ca 24/47.
[32] LAV NRW, R, Gerichte Rep. 387, Arbeitsgericht Duisburg Ca 38/47.
[33] LAV NRW, R, Gerichte Rep. 387, Arbeitsgericht Duisburg Ca 125/48.
[34] LAV NRW, R, Gerichte Rep. 387, Landesarbeitsgericht Düsseldorf Sa 90/47.

damit ein Kündigungsschutz in Form einer Kündigungswiderrufsklage entfallen sei. Die fristgerechte Kündigung unterliege nach dem nunmehr wieder geltenden Recht nicht der richterlichen Nachprüfung auf ihre Berechtigung. Das Gericht könne lediglich prüfen, ob die gesetzlichen Kündigungsfristen eingehalten worden seien. Das Gericht erteilte dieser Auffassung eine Absage und prüfte, ob die Kündigung gegen die „guten Sitten" und die Grundsätze von „Treu und Glauben" verstoße und damit eine unzulässige, missbräuchliche Rechtsausübung darstelle.

Aber auch das Landesarbeitsgericht nahm vor diesem Hintergrund an, dass der aus den zivilrechtlichen Generalklauseln abgeleitete Kündigungsschutz nicht so stark sei wie der zuvor durch das BRG oder das AOG gewährte. Dass über § 242 BGB nicht der gleiche Erfolg erreicht werden könne wie früher mit der Kündigungswiderrufsklage folge daraus, dass in beiden Fällen ganz unterschiedliche Rechtsfolgen einträten. Sei eine Kündigung wegen Verstoßes gegen § 242 BGB unwirksam, so lasse die Kündigungswiderrufsklage die Rechtswirksamkeit der Kündigung unberührt. Im ersten Fall bestehe also aufgrund der Unwirksamkeit der Kündigung das Arbeitsverhältnis weiter, im zweiten Fall sei durch die rechtswirksame Kündigung das Arbeitsverhältnis in jedem Fall zunächst erloschen. Das Landesarbeitsgericht Düsseldorf las also – anders als etwa das Landesarbeitsgericht Frankfurt – nicht einfach die bisherigen Anforderungen aus § 56 AOG in § 242 BGB hinein.

Diese Rechtsprechung wurde von den Untergerichten übernommen. So klagten in einem 1949 eingeleiteten Verfahren vor dem Arbeitsgericht Essen zahlreiche Arbeitnehmer der Deutschen Bundesbahn gegen ihre Arbeitgeberin auf Feststellung, dass die Kündigung ihres Arbeitsverhältnisses unwirksam sei[35]. Die Kläger waren im Zuge einer Reduzierung der Belegschaft entlassen worden und trugen vor, die Kündigung stelle eine unbillige Härte dar, da sie in absehbarer Zeit keine anderen Arbeitsplätze finden könnten. Mit der unbilligen Härte spielen die Kläger auf eine Tatbestandvoraussetzung des § 56 AOG an. Die Kündigung verstoße zudem gegen „Treu und Glauben" und gegen die „guten Sitten", da die Beklagte in den Jahren 1945 und 1946 durch öffentliche Aufrufe Arbeiter gesucht und ihnen eine Daueranstellung und Beförderung versprochen habe. Hier sicherten sich die Kläger durch Argumente ab, die auf die zivilrechtlichen Generalklauseln der

---

[35] LAV NRW, R, Gerichte Rep. 387, Arbeitsgericht Essen Ca 2183/49.

§§ 138, 242 BGB Bezug nahmen. Die derzeitige Finanzlage der Beklagten allein könne die Entlassung nicht rechtfertigen. Demgegenüber trug die Beklagte vor, im Interesse der Wirtschaftlichkeit ihres Betriebs seien die Entlassungen dringend notwendig gewesen.

Das Gericht stellte zunächst eingehend die Rechtsgrundlagen seiner Entscheidung dar. Die ordentliche fristgerechte Kündigung bedürfe nach geltendem Recht nicht mehr des Nachweises besonderer Rechtfertigungsgründe. Nach der Aufhebung des „Gesetzes zur Ordnung der nationalen Arbeit" unterliege die Kündigung nur noch einer Beschränkung durch die allgemeinen bürgerlich-rechtlichen Vorschriften. Die Kündigung dürfe danach weder vertragswidrig, noch sittenwidrig noch treuwidrig sein; hierfür seien die Kläger beweispflichtig. Die Kündigung verstoße weder gegen Bestimmungen aus dem Tarifvertrag, noch sei sie sittenwidrig. In Rechtsprechung und Rechtslehre sei anerkannt, dass nicht jede sozial unerwünschte und selbst mit einer unbilligen Härte für den gekündigten Arbeitnehmer verbundene Kündigung den Tatbestand der Sittenwidrigkeit erfülle. Vielmehr könnten nur ganz besondere Umstände die Sittenwidrigkeit begründen, wie zum Beispiel die Tatsache, dass ein Arbeitgeber aus verwerflichen Gründen – zum Beispiel aus Rachsucht – eine Kündigung ausspreche. Schließlich verstoße die Kündigung auch nicht gegen „Treu und Glauben". Von einer unzulässigen Rechtsausübung könne nur dann die Rede sein, wenn die Kündigung geradezu mutwillig, aus reiner Willkür und ohne jeden Grund erfolgt wäre. Das sei aber von den Klägern nicht behauptet worden.

3. Mutterschaft und Kündigungsschutz

Das „Gesetz über die Beschäftigung vor und nach der Niederkunft" vom 16. Juli 1927 (MuSchG 1927) enthielt zahlreiche Bestimmungen zum Schutz von Arbeitnehmerinnen[36]. In unserem Zusammenhang kommt es auf den Schutz der werdenden Mutter und der Mutter in der Phase unmittelbar nach der Entbindung gegen die Kündigung des Arbeitsverhältnisses an. § 4 Abs. 1 MuSchG 1927 erklärte ordentliche Kündigungen, die in einem Zeitraum von sechs Wochen vor der voraussichtlichen Niederkunft bis sechs Wochen nach der Niederkunft ausgesprochen wurden, für unwirksam, wenn dem Arbeitgeber zum Zeitpunkt der Kündigung Schwangerschaft oder Entbindung bekannt

---

[36] Vgl. RGBl. 1927 I, S. 184 f.

waren oder ihn die Arbeitnehmerin davon unverzüglich nach Zugang der Kündigungserklärung unterrichtete.

Das „Gesetz zum Schutz der erwerbstätigen Mutter (Mutterschutzgesetz)" vom 17. Mai 1942 (MuSchG) erweiterte den Mutterschutz deutlich[37]. Gemäß § 6 Abs. 1 MuSchG waren Kündigungen nun während der gesamten Schwangerschaft sowie innerhalb von vier Monaten nach der Geburt unwirksam, wenn der Arbeitgeber zur Zeit der Kündigung von der Schwangerschaft Kenntnis hatte oder ihm die Schwangerschaft unverzüglich nach Zugang der Kündigungserklärung mitgeteilt wurde. Der Vorspruch des Gesetzes setzte den Inhalt des MuSchG eindeutig in Beziehung zur NS-Ideologie, wie insbesondere auch die Beschränkung des Anwendungsbereichs auf deutsche Frauen zeigt:

„Die deutsche Frau kann ihre größte Leistung für die Volksgemeinschaft, die Geburt gesunder Kinder, nur vollbringen, wenn sie vor allen Schäden und Nachteilen vor und nach der Niederkunft behütet wird. Die Sorge für einen ausreichenden Schutz gilt allen deutschen Frauen. Vordringlich ist jedoch ein besonderer Schutz für die im Erwerbsleben stehende Mutter, die trotz erschwerter Lebensbedingungen dem Vaterlande Kinder schenkt."

Der Verweis auf erschwerte Bedingungen spielt auf die Kriegswirtschaft an, die auf die Arbeitskraft von Frauen besonders angewiesen war.

Während in der sowjetischen Besatzungszone offenbar davon ausgegangen wurde, dass das MuSchG zugunsten des MuSchG 1927 außer Kraft getreten sei[38], wodurch freilich etwa der Kündigungsschutz deutlich verkürzt wurde, scheint sich die Lage in der amerikanischen und britischen Zone anders darzustellen. Auffällig ist, dass sich für die gesamte Besatzungszeit etwa im Archivbestand Arbeitsgericht München keine einzige Entscheidung findet, in der das MuSchG eine Rolle spielte[39]. Jedoch wendete das Landesarbeitsgericht München in einem Urteil vom 10. August 1949 das Gesetz an[40]. Das Gericht ging von einer Weitergeltung des Gesetzes aus, weil

---

[37] Vgl. RGBl. 1942 I, S. 321–324; der im Folgenden zitierte Paragraph findet sich in ebenda, S. 322. 1952 trat das heute geltende Gesetz zum Schutz der erwerbstätigen Mutter (MuschG 1952) in Kraft, das in § 9 Abs. 1 MuSchG den sachlichen Gehalt des § 6 Abs. 1 MuSchG übernahm; BGBl. 1952 I S. 69.
[38] Vgl. Werner Holling, Kündigungsbeschränkungen (Kündigungsschutz), in: Arbeit und Sozialfürsorge 3 (1948), S. 77–81, hier S. 81.
[39] Vgl. dazu Ascher, Anwendung, S. 211 ff.
[40] Vgl. Amtsblatt des Bayerischen Staatsministeriums Ministeriums für Arbeit und Soziale Fürsorge, 1950, S. 327 ff.

„der Gedanke des Mutterschutzes [...] an sich ja nicht erst in diesem Gesetz zum Ausdruck gebracht [wurde]. Sein menschen- und sozialrechtlicher Grundgedanke ist, der werdenden und stillenden Mutter in den wichtigen Zeiten der Entwicklung und ersten Ernährung des Kindes seelische Aufregungen durch eine Kündigung und einen Verlust von Arbeitsplatz und Versorgung für bestimmte Schutzzeiten zu ersparen. Der Rechtsgrundgedanke dieses Mutterschutzes im Rahmen der sozialrechtlichen Arbeitsschutzgesetzgebung ist also alt."

Das Gericht löste den (erweiterten) Kündigungsschutz also aus seinem Entstehungszusammenhang und wendete ihn weiterhin an, in diesem Fall zugunsten einer gekündigten schwangeren Hilfslehrerin.

Ähnlich stellt sich die Situation in Hessen dar[41], wo nur eine einzige einschlägige Entscheidung auffindbar war[42]. Hier hatte die Klägerin im September 1949 Klage auf Feststellung eingereicht, dass die Kündigung ihres Arbeitsvertrages rechtsunwirksam sei. Die Klägerin sei im fünften Monat schwanger und habe den Beklagten bereits vor geraumer Zeit von ihrem Zustand unterrichtet. Das Arbeitsgericht Wiesbaden gab der Klägerin Recht und begründete die Anwendbarkeit des MuSchG folgendermaßen:

„Daß das Mutterschutzgesetz trotz seines Entstehens in der National-sozialistischen Ära keineswegs als NS-Gedankengut anzusehen ist, sondern auf allgemeinen sozialen Erwägungen beruht und nur eine Fortentwicklung bereits vor 1933 bestehender Schutzbestimmungen darstellt und es sich infolgedessen bei dem Gesetz als Ganzes um anwendbares Recht handelt."

In der britischen Zone finden sich zwei Entscheidungen des Arbeitsgerichts Duisburg, die sich ebenfalls für eine Fortgeltung des § 6 MuSchG aussprachen und dies begründeten[43]. Im Verfahren Ca 1233/49 klagte eine ehemalige Haushaltsangestellte vor dem Arbeitsgericht Duisburg gegen ihren Arbeitgeber, der die Kündigung trotz seines Wissens um die Schwangerschaft seiner Angestellten ausgesprochen hatte. Das Gericht führte aus, dass die fristlose Entlassung der Klägerin gemäß § 6 MuSchG unwirksam sei. Da das MuSchG kein nationalsozialistisches Rechtsgut enthalte, besitze es nach wie vor Gültigkeit. Auch das Arbeitsgericht Duisburg trennte also einen gleichsam neutralen Teil des MuSchG von der ideologisch aufgeladenen Präambel, die freilich das gesamte Gesetz

---

[41] Vgl. dazu Ascher, Anwendung, S. 216 ff.
[42] HHStA, Abt. 908, Nr. 272, Arbeitsgericht Wiesbaden Az. 1 A 2009/49 vom 14.10.1949.
[43] Vgl. Sonnenschein, Entnazifizierung, S. 73 ff.

prägte. Ähnliche Erwägungen leiteten die Entscheidung des Gerichts im Verfahren Ca 1329/49, in dem eine Straßenbahnschaffnerin gegen die Duisburger Verkehrsgesellschaft auf Feststellung klagte, dass ihr Arbeitsverhältnis fortbestehe. Das Gericht führte aus, das MuSchG gelte weiterhin, obwohl es aus der Zeit des Dritten Reichs stamme, da es kein nationalsozialistisches Rechtsgut enthalte. Es beruhe vielmehr auf sozialen Erwägungen, wie sie zum Beispiel schon im „Gesetz über die Beschäftigung vor und nach der Niederkunft" aus dem Jahr 1927 zum Ausdruck gekommen seien.

4. Zwischenergebnis

Die Gerichte lösten also das MuSchG vollständig aus seinem Entstehungszusammenhang und wendeten die für Arbeitnehmerinnen günstigen Regelungen weiterhin an. Auf diese Weise konnte der Kündigungsschutz auf hohem rechtlichen Niveau aufrechterhalten werden. Zweifel an der Fortgeltung des Gesetzes scheinen trotz der an der Präambel des Gesetzes erkennbaren ideologischen Prägung nicht bestanden zu haben. Allerdings finden sich – anders als für den allgemeinen Kündigungsschutzes nach dem AOG – kaum Anwendungsfälle aus der Gerichtspraxis. Ob dieser umfassende Kündigungsschutz also in der Rechtspraxis tatsächlich durchgesetzt wurde, lässt sich nicht sicher sagen. Denkbar ist, dass entsprechende Streitigkeiten außergerichtlich oder im Wege des gerichtlichen Vergleichs (diese Akten sind nicht erhalten) beigelegt wurden. Möglicherweise haben sich die Frauen auch nicht gegen entsprechende Kündigungen zur Wehr gesetzt, sei es, weil sie ohnedies mit der Ernährungssicherung auf dem Schwarzmarkt ausgelastet waren, sei es, weil ihnen der weitreichende Mutterschutz überhaupt nicht geläufig war[44]. Das Kündigungsrecht des AOG wurde hingegen nicht von allen Gerichten aus seinem Zusammenhang herausgelöst und zum Schutz der Arbeitnehmer weiterhin angewendet, so dass das Niveau des auf Grundlage zivilrechtlicher Generalklauseln gewährten Kündigungsschutzes deutlich sank.

Spätestens für nach dem 31. Dezember 1946 ausgesprochene Kündigungen mussten freilich alle deutschen Arbeitsgerichte auf diese Generalklauseln zurückgreifen, weil das AOG außer Kraft getreten war. Anders als im Familienrecht, wo die Gerichte durch die Auslegung

---

[44] Vgl. hierzu eingehend Ascher, Anwendung, S. 236 ff.

normativer Rechtsbegriffe aus familienrechtlichen Regelungen Rechtsschöpfung betrieben, hatten auf dem Feld des Arbeitsrechts die Gerichte eine durch die Aufhebung des AOG entstandene Lücke zu füllen. Dabei bedienten sie sich freilich ebenfalls normativer Rechtsbegriffe, nämlich solcher aus den allgemeinen Vorschriften des Bürgerlichen Rechts („Treu und Glauben", „gute Sitten"). Hierbei lassen sich große Unterschiede feststellen. Zum Teil gewährten – etwa im Bezirk des Landesarbeitsgerichts Düsseldorf – die Arbeitsgerichte nur noch ganz basalen Kündigungsschutz. Hierdurch scheint Arbeitgebern die erforderliche Umstrukturierung ihrer Betriebe deutlich erleichtert worden zu sein. In Hessen las man umgekehrt den Regelungsgehalt der §§ 56 ff. AOG in die zivilrechtlichen Generalklauseln hinein und hielt somit das bislang in der Gesetzgebung erreichte rechtliche Niveau beim Kündigungsschutz aufrecht. Dies geschah freilich um den Preis der Fortgeltung einiger Grundstrukturen des nationalsozialistischen Arbeitsrechts, beispielsweise der Einordnung des Arbeitsvertrags als „personenrechtliches Treueverhältnis". Derartige Kategorien sollten das westdeutsche Arbeitsrecht noch in den 1950er Jahren nachhaltig prägen, obschon ihre gesetzliche und eigentlich auch ihre ideologische Grundlage entfallen war[45]. In Bayern wiederum mussten sich die Gerichte nur in einer Übergangsphase von wenigen Monaten mit einer Anwendung der Generalklauseln behelfen, bevor bereits im Herbst 1947 ein bayerisches Kündigungsschutzgesetz in Kraft trat, das wegweisend auch für das 1952 in Kraft getretene Kündigungsschutzgesetz der Bundesrepublik Deutschland wurde.

---

[45] Vgl. Brors, Abschaffung, S. 7 ff.

V. Fazit: Ein Kampf um die weltanschauliche Neuausrichtung im Nachkriegsdeutschland

1. „Gegen das Gesetz entscheiden"

Gerade die erstinstanzlichen Gerichte standen nach 1945 vor einer schwierigen Aufgabe, denn sie verfügten nicht über zuverlässige Anhaltspunkte zur Beantwortung der Frage, welche Wertvorstellungen sie der Anwendung der zwischen 1933 und 1945 entstandenen Gesetze zugrundezulegen hatten. Die Naziideologie war offensichtlich passé. Aber es existierten keine neuen Auslegungshilfen, an denen man sich bei der Ausfüllung normativer Tatbestandsmerkmale oder der Schließung der durch Aufhebungsgesetze entstandenen Lücken hätte orientieren können. Literatur und höchstrichterliche Rechtsprechung aus den Jahren zuvor waren unbrauchbar.

Hans Dölle etwa betonte, die von den Nationalsozialisten eingeführte Zerrüttungsscheidung entspreche einem alten Reformgedanken und sei lediglich durch die NS-Judikatur diskreditiert worden[1]. Nun müsse man das Wesen der Ehe endlich „richtig" würdigen. Doch was war richtig? Nicht alle Beteiligten schienen sich dessen so sicher zu sein wie der auch im Nationalsozialismus prominente Bonner beziehungsweise Straßburger Ordinarius Dölle bereits im August 1946. Karl Haff, der an der Reform des Scheidungsrechts im Jahr 1938 beteiligt war, warf die Frage auf, ob die Nachkriegsrechtsprechung allein aufgrund veränderter Anschauungen „gegen das Gesetz entscheiden" und damit eine Gesetzesänderung vornehmen dürfe[2]. Haff sprach damit einen entscheidenden Gesichtspunkt an: den Vorgang der Ablösung einer Norm von ihrem Entstehungskontext und ihre Umwertung unter anderen Vorzeichen. Diesen Vorgang hat Bernd Rüthers mit Blick auf das Bürgerliche Recht für die Jahre nach 1933 feinsinnig analysiert und – gegen die Behauptung einer sklavischen Gesetzestreue der Richter („Wir konnten ja nicht anders...") – als „unbegrenzte Auslegung" bezeichnet[3].

---

[1] Vgl. Hans Dölle, Neues Eherecht, in: Die Gegenwart 1 (1946) H. 8, S. 17–20, hier S. 18.
[2] Karl Haff, Anmerkung [zu OLG Braunschweig, 1. Zivilsenat, Urteil vom 10.12.1946, 1 U Z 8/46], in: MDR 1 (1947), S. 152f., hier S. 252.
[3] Rüthers, Auslegung.

"Gegen das Gesetz entscheiden" 111

Haff, was auch immer man von ihm halten mag, zweifelte nicht zu Unrecht, denn nun hatten die Gerichte erneut „unbegrenzte Auslegung" zu betreiben und aufgrund veränderter Anschauungen gegen das Gesetz oder gar ohne gesetzliche Grundlage zu entscheiden. Das war zwar kein guter Start für die jedenfalls in den Westzonen in Aussicht gestellte Wiedererrichtung des Rechtsstaats, vermutlich aber notwendiges Signum jeder *transitional period*. Die Aufgabe der Richter in den Jahren nach 1945 unterschied sich aber gleichzeitig deutlich von der Aufgabe der Richter nach 1933: Während die Richter nach der Machtübernahme durch die Nationalsozialisten wussten, dass man von ihnen erwartete, die NS-Ideologie in die alten Normen aus der Zeit vor 1933 hineinzulesen, und allenfalls Unsicherheiten darüber bestanden, was die tatsächlich niemals systematisch entwickelte nationalsozialistische Ideologie für den Einzelfall besagte, wussten die Richter nach 1945 nicht, welche neue „Werteunterlage" sie den Normen aus den Jahren der NS-Herrschaft unterschieben schieben sollten, nachdem die Besatzungsmächte den braunen Unterbau beseitigt hatten. Die Richter mussten also nicht nur „unbegrenzt auslegen", indem sie vom Willen des einstigen Gesetzgebers abweichende teleologische Erwägungen in die Normen hineinlasen, sondern sie mussten auch die rechtspolitische Entscheidung treffen, welche Erwägungen dies sein sollten. Sie mussten beispielsweise entscheiden, von welchem Ehe- und Familienbild nunmehr auszugehen war, denn der alliierte Gesetzgeber hatte eine derartige Entscheidung beim Erlass des EheG 1946 nicht getroffen. Auch aus anderen Zusammenhängen ergab sich nicht offensichtlich ein einheitliches Werteverständnis der deutschen Rechtsgemeinschaft – das Gegenteil war nach dem sogenannten Zusammenbruch von 1945 der Fall, der ja auch ein moralischer Zusammenbruch war. Die Staatsanwaltschaften mussten im Bereich des § 1595a BGB ungewohnt eigenständig entscheiden, wann sie eine Ehelichkeitsanfechtungsklage erhoben und wann nicht, ob und gegebenenfalls mit welcher Rechtfertigung sie also nunmehr in eine Familie eingreifen durften oder nicht. Auch die Arbeitsrichter hatten eigenständig zu entscheiden, ob sie nunmehr von der freien Kündbarkeit eines Arbeitsvertrags ausgehen oder den Arbeitsvertrag weiterhin als ein Schuldverhältnis mit personenrechtlichem Einschlag abweichend von den allgemeinen Regeln des Schuldrechts behandeln sollten.

Außerdem unterscheidet sich die Situation nach 1945 für den heutigen Betrachter deshalb von der Situation nach 1933, weil nach

Hitlers Ernennung zum Reichskanzler das tradierte bürgerliche Recht durch Veränderung der politischen Wertegrundlage pervertiert wurde, während nach 1945 die nationalsozialistischen Normen durch die Veränderung der politischen Wertegrundlage gleichsam entnazifiziert werden sollten. Der erste Vorgang erscheint uns im Licht der nationalsozialistischen Verfolgungs- und Vernichtungspolitik als Katastrophe, der zweite, jedenfalls prima facie, als sehr wünschenswert. Trotzdem ist zu betonen, dass – rein formal betrachtet – identische Vorgänge abliefen: die Ablösung der jeweiligen Norm von ihrem historischen Entstehungszusammenhang, die Ersetzung der historischen Auslegung der Norm durch eine „objektiv-teleologische" Auslegung nach Normzwecken, die nicht mit den gesetzgeberischen Normzwecken übereinstimmen, sondern aufgrund gewandelter politischer Bedingungen später in die Norm hineingelesen wurden. Es komme, so die gängige Argumentationslinie, nicht darauf an, warum das Gesetz erlassen worden sei, sondern wie es heute angewendet werden müsse und ob damit „vernünftige und wünschenswerte Resultate" erzielt werden könnten[4]. Das im Nationalsozialismus erlassene Recht wurde also von seinem Entstehungszusammenhang getrennt; der allein entscheidende „objektive Wortlaut" der Norm konnte dann unter einem neuen Vorverständnis umgewertet werden. Diese Strategie lässt sich bei zahlreichen Normen aus den Jahren zwischen 1933 und 1945 beobachten[5]. Allerdings bestand über die Frage, welches Vorverständnis zutreffend und was vernünftig und wünschenswert sei, keine Einigkeit. Gleiches gilt bei der Schließung von nach 1945 entstandenen Regelungslücken wie im Kündigungsschutzrecht. Auch hier war unklar, was vernünftig und wünschenswert sei. Überdies musste das jeweils Vernünftige und Wünschenswerte dann noch notdürftig in irgendwelche möglichst allgemein gefaßten Rechtsbegriffe wie „Treu und Glauben" hineingelegt werden. Diese ganz unterschiedliche Auslegung und Anwendung wortlautgleicher Normen ist, wie Rüthers zu Recht bemerkt hat, „ein – methodisch gesehen – fesselnder Vorgang"[6].

---

[4] Beitzke, Anmerkung, Sp. 263.
[5] Vgl. Etzel, Aufhebung, S. 200.
[6] Rüthers, Auslegung, S. 417.

2. Der Richter als orientierungsloser Gesetzgeber

Fehlt es an einer verbindlichen Festlegung von Maßstäben für die Anwendung einer Norm oder an Normen für die Entscheidung eines Streitfalls überhaupt, dann hat die Rechtsprechung nicht den Gesetzgeberwillen dienend für den Einzelfall zu verwirklichen, sondern schlicht selbst rechtschöpferisch tätig zu werden[7]. Eben dieser Aufgabe unterzogen sich die Richter bei der Anwendung von § 1595a BGB beziehungsweise § 48 EheG 1946 oder der Entscheidung von Kündigungsschutzverfahren nach der bedingungslosen Kapitulation des Deutschen Reichs im Mai 1945 – in der Regel allerdings, ohne sich über diese Aufgabe Rechenschaft abzulegen.

In aller Regel wurden § 1595a BGB 1938/43 und § 55 EheG 1938 (= § 48 EheG 1946) sowohl aus ihrem nationalsozialistischen Kontext als auch aus dem Kontext des Weimarer Reformdiskurses gerissen, auf dem der Gesetzgeber des Jahres 1938, freilich mit gewissen pervertierenden Veränderungen, aufgebaut hatte. Dass auf eben diese ahistorische Weise nach 1945 „vernünftige und wünschenswerte Resultate" erzielt werden sollten, hatten freilich die Alliierten in gewisser Weise vorgegeben. Allerdings sorgte der Hinweis, NS-Normen seien allein nach ihrem Wortlaut anzuwenden (inspiriert etwa von der aus der anglo-amerikanischen Rechtskultur stammenden „plain meaning rule"), in der Sondersituation Deutschlands nach 1945 nicht für Orientierung, sondern dürfte die Orientierungslosigkeit vermutlich noch vergrößert haben. Begriffe wie das „Wesen der Ehe", die „sittliche Rechtfertigung", das „öffentliche Interesse", „Treu und Glauben" oder die „guten Sitten" lassen sich nicht allein nach ihrem Wortlaut anwenden, sondern sind nur vor dem Hintergrund eines bestimmten Vorverständnisses justitiabel, denn erst ein – wie auch immer geartetes – Vorverständnis kann diese Begriffe mit Inhalt füllen.

Für § 1595a BGB entstand zunächst eine von Landgerichtsbezirk zu Landgerichtsbezirk unterschiedliche Praxis, die von einer nahezu vollständigen Ablehnung des staatsanwaltschaftlichen Eingriffs in die Familie bis zu einer Fortführung der ausgedehnten Anfechtungspraxis aus der Zeit vor 1945 reichte. Nach und nach versuchte man auf Ebene der einzelnen Besatzungszonen, durch Absprachen und entsprechende Anweisungen für eine einheitliche Anwendung des § 1595a

---

[7] Vgl. ebenda, S. 421.

BGB zu sorgen, die aber von Zone zu Zone ganz unterschiedlich blieb. In Dresden scheint die Praxis aus den Jahren vor 1945 über längere Zeit hinweg unreflektiert fortgesetzt worden zu sein. In den Ländern der amerikanischen und britischen Besatzungszone gelangte man zu einer umfassenden Anwendung des § 1595a BGB unter Berufung auf das angebliche verfassungsrechtliche Gebot der Klärung der Abstammung in jedem möglichen Fall, nachdem zuvor in Hessen und Württemberg-Baden in Abgrenzung zum Zugriff des totalitären Staates auf die Familien eine ganz zurückhaltende Anwendung der Norm angeordnet worden war. Dieser zurückhaltende Umgang wurde in der französischen Besatzungszone beibehalten. Trotzdem war mit der liberalen Vorstellung vom Gebot staatlicher Nichteinmischung in Familien nichts zu gewinnen, weil einige Akteure nach dem moralischen Zusammenbruch des Jahres 1945 bereits 1946/47 wieder sehr sicher zu wissen glaubten, welche Eingriffsmaßstäbe in der neuen Zeit anzulegen waren. Eine besonders aktive Rolle bei der Durchsetzung einer weitreichenden Anwendung des § 1595a BGB spielte das bayerische Justizministerium. Im Ergebnis gelangte man auf der Grundlage verfassungsrechtlich verbrämter Vorstellungen von Ordnung und Moral zu einer genauso weitreichenden Anwendung des § 1595a BGB wie vor 1945, während in der DDR durch eine Entscheidung des Obersten Gerichts nur noch eine Anfechtung aus Gründen des Kindeswohls zugelassen wurde.

Die Eheakten aus Dresden, Leipzig, Ravensburg, Amberg/Oberpfalz und Nürnberg zeigen einen ganz disparaten Umgang mit § 48 EheG in der unmittelbaren Nachkriegszeit. Von einer unreflektierten Fortsetzung der Reichsgerichtsrechtsprechung, die den Widerspruch des beklagten Ehegatten in aller Regel nicht beachtete, bis hin zur Gegenposition der Beachtlichkeit des Widerspruchs als Regel wurden verschiedene Lösungen vertreten, in der Regel auch an ein und demselben Gericht. Für ganz kurze Zeit – vor allem im Jahr 1947 – wurde § 48 EheG 1946 in einen liberalen Kontext gestellt, denn nur aus dieser Zeit finden sich in allen untersuchten Beständen Akten, die die Ehe als Privatangelegenheit der Ehegatten ansahen und die Entscheidung für oder gegen die Beachtlichkeit des Widerspruchs allein auf Gründe stützten, die unmittelbar aus dem Einzelfall resultierten.

In der Folgezeit kam es zur Re-Ideologisierung der Zerrüttungsscheidung. In der SBZ/DDR wurden der Gemeinschaftsbezug der Ehe sowie die Gleichberechtigung von Frauen und Männern betont.

Zerrüttete Ehen hemmten die Eheleute bei ihrer Mitwirkung am kommunistischen Neuaufbau; außerdem sah man es als Verstoß gegen die Menschenwürde der Frau an, eine Ehe als „Versorgungsehe" allein deshalb aufrechtzuerhalten, damit die Gattin lebenslang versorgt sei. Zerrüttete Ehen waren deshalb zu scheiden, und die Rechtsprechung in der SBZ/DDR gelangte damit im Ergebnis zur gleichen Regel wie das Reichsgericht: Die Beachtung des Widerspruchs der beklagten Frau wurde zur Ausnahme, die sogar noch enger gefasst worden sein dürfte als vom Reichsgericht. Ältere Ehefrauen wurden durch einen richterlich vermittelten Tausch des Widerspruchsrechts gegen eine notarielle Unterhaltsverpflichtung geschützt. Die zügige Ehescheidung war damit ein Instrument des gesellschaftlichen Umbaus in der DDR hin zu einer wirtschaftlichen Selbständigkeit und Berufstätigkeit beider Ehegatten verbunden mit dem Ziel, die weibliche Arbeitskraft dem wirtschaftlichen Neuaufbau dienstbar zu machen und zugleich den Familienverband zu schwächen.

Im Westen begann hingegen der Weg in die „Versorgungsehe", weil die Zerrüttungsscheidung religiös-weltanschaulich überformt und damit faktisch abgeschafft wurde, da man von der sittlich-moralischen Grundregel der Unauflösbarkeit der Ehe ausging und nur ganz erhebliche Gründe ausnahmsweise gegen die Beachtlichkeit des Widerspruchs in Feld geführt werden konnten. Hatte eine Frau geheiratet, so konnte sie sich also – eigenes ehetreues Verhalten vorausgesetzt – schon nach kürzester Ehedauer sicher sein, ein Recht auf lebenslange Versorgung durch lebenslange Ehe erworben zu haben. Das Aufgabenfeld der Ehefrau konnte sich allein auf die Führung des Haushalts und die Kindererziehung beschränkten. Auch im Westen war die Zerrüttungsscheidung, besser gesagt: deren faktische Abschaffung, ein Mittel des gesellschaftlichen Umbaus hin zur Hausfrauenehe mit einer klaren Rollenzuweisung an Mann und Frau.

Im Arbeitsrecht war man sich zwar über die Fortgeltung der Kündigungsschutzregeln aus dem 1942 erlassenen Mutterschutzgesetz einig, allerdings bestehen erhebliche Zweifel, ob dieses Gesetz in der Sondersituation der unmittelbaren Nachkriegszeit die Praxis des Arbeitslebens wirklich beeinflusste. Das allgemeine Kündigungsschutzrecht des AOG wurde hingegen nicht von allen Gerichten aus seinem Zusammenhang herausgelöst und zum Schutz der Arbeitnehmer weiterhin angewendet, so dass das Niveau des auf Grundlage zivilrechtlicher Generalklauseln gewährten Kündigungsschutzes zum Teil deutlich sank. Spätestens für nach dem 31. Dezember 1946 ausgesprochene Kündigungen mussten alle deutschen Arbeitsgerichte auf diese Generalklauseln zurückgreifen, weil das AOG außer Kraft getreten war. Hierbei lassen sich große Unterschiede feststellen. Zum Teil gewährten die Arbeitsgerichte nur noch ganz basalen Kündigungsschutz wie etwa in Nordrhein-Westfalen. In Hessen las man umgekehrt den Regelungsgehalt der §§ 56 ff. AOG in die zivilrechtlichen Generalklauseln hinein und hielt somit das bislang in der Gesetzgebung erreichte Niveau des Kündigungsschutzes aufrecht – freilich um den Preis der Fortgeltung einiger Grundstrukturen des nationalsozialistischen Arbeitsrechts wie der Einordnung des Arbeitsvertrags als „personenrechtliches Treueverhältnis". In Bayern wiederum mussten sich die Gerichte nur in einer kurzen Übergangsphase mit einer Anwendung der Generalklauseln behelfen, da bereits im Herbst 1947 ein bayerisches Kündigungsschutzgesetz in Kraft trat, das den Kündigungsschutz über das AOG hinaus ausbaute und wegweisend für das 1952 in Kraft getretene Kündigungsschutzgesetz der Bundesrepublik Deutschland wurde.

3. Kampf um die Deutungshoheit

Die Neuorientierung der Rechtsprechung zu § 48 EheG 1946 und der Staatsanwaltschaften zu § 1595a BGB war begleitet von einer wahren Publikationsflut. Diese Flut lässt sich jedenfalls im Falle des § 48 EheG kaum mit der hohen praktischen Bedeutung der Norm begründen, denn eine Zerrüttungsscheidung erfolgte in allenfalls zwei bis drei Prozent der Scheidungsfälle, und die Frage nach der Beachtlichkeit des Widerspruchs des beklagten Ehegatten stellte sich wiederum nur beim geringeren Teil der Scheidungen nach § 48 EheG. Die Mehrzahl der Zerrüttungsscheidungen waren „glatte", von beiden Ehegatten gewollte Scheidungen.

Maren Bedau nennt eine Ursache für die Publikationsflut zu § 48 EheG 1946 und auch zu § 1595a BGB 1938, wenn sie von einer „Abgrenzungsdebatte" oder „Selbstvergewisserungsdebatte" spricht[8]. Die Autoren der Beiträge – in ihrer Mehrzahl bereits vor 1945 prominent im Familienrecht tätig, etwa im IV. Zivilsenat des Reichsgerichts oder an der Akademie für Deutsches Recht – wollten ihre Abgrenzung von nazistischen Inhalten demonstrieren, die sie in Wahrheit natürlich ohnehin

---

[8] Bedau, Entnazifizierung, S. 200.

nie ernsthaft vertreten hatten. Die Bezeichnung als Abgrenzungs- oder Selbstvergewisserungsdebatte scheint jedoch zu einseitig retrospektiv bestimmt und vernachlässigt den entscheidenden Gesichtspunkt: Bereits unmittelbar nach Kriegsende begann der Kampf um die weltanschauliche Neuausrichtung im Nachkriegsdeutschland, und dazu gehörte auch der Kampf um die Deutungshoheit über Begriffe wie Ehe oder Familie und über das Verhältnis von Ehe und Familie zum Staat. § 55 EheG 1938 (= § 48 EheG 1946), der mit dem „Wesen der Ehe" und der „sittlichen Rechtfertigung" der Aufrechterhaltung der Ehe arbeitete, war der ideale Anknüpfungspunkt für Erörterungen zum „heutigen" Verständnis von Ehe und Familie.

§ 1595a BGB, der einen staatlichen Zugriff auf die Familie im öffentlichen Interesse zuließ, konnte diese Rolle für Erörterungen zum Verhältnis von Staat und Familie spielen. Jedenfalls in den westlichen Besatzungszonen wurde sehr schnell klar, dass sich niemand ernsthaft für den Lebenslauf der meisten Spitzenjuristen zwischen 1933 und 1945 interessierte und es vielmehr darauf ankam, sich unter den neuen Verhältnissen Einfluss zu verschaffen. Und in der SBZ standen Juristen, die nun endlich die ehe- und familienpolitischen Reformansätze der Weimarer Zeit verwirklichen wollten, mit denen im Wettbewerb, die darüber hinaus das Recht vor allem als Instrument zur Umgestaltung des Gesellschaft im kommunistischen Sinne ansahen und mittelfristig einen Abschied von der bürgerlichen Rechtsordnung anstrebten. Karl Haff hat seinen Beitrag zum Nachkriegsdiskurs deshalb sehr hellsichtig mit der Bemerkung eingeleitet: „Ein kleiner Paragraph rührt an die Grundfragen der modernen demokratischen Staatsverfassung."[9]

Auch im Bereich des Arbeitsrechts waren grundlegende Fragen zu entscheiden, über die kontrovers diskutiert wurde: Sollte der mit dem BRG von 1920 eingeschlagene Weg des Kündigungsschutzrechts weiterhin beschritten werden oder sollte man den Kündigungsschutz beschränken, indem man lediglich eine Prüfung anhand allgemeiner vertragsrechtlicher Maßstäbe vornahm? Immerhin durfte man, worauf Alfred Hueck hinwies, „nicht vergessen, daß man bis 1920 eine willkürliche Kündigung für zulässig ansah"[10]. Diese in den Westzonen erörterten Fragen sind freilich sämtlich vor dem Hintergrund einer

---

[9] Haff, Anfechtung der Ehelichkeit, Sp. 485.
[10] Alfred Hueck, Anmerkung zu LG Hamburg, Urteil vom 10.3.1948 – 20 Sa 209/47, in: RdA 1 (1948), S. 118.

freiheitlichen Wirtschaftsordnung mit mehr oder weniger starken sozialen Schutzinstrumenten zu verstehen. In der SBZ wurde das Arbeitsrecht dagegen spätestens seit 1948 zunehmend als Instrument der Planerfüllung und der Disziplinierung der Beschäftigten angesehen[11]. Das „Gesetz der Arbeit"[12], auf dessen Grundlage dann am 7. Juni 1951 die Verordnung über das Kündigungsrecht erging[13], wies der Arbeitsordnung dann – erneut – eine maßgebliche Rolle beim Aufbau einer neuen Gesellschaftsordnung zu:

„In der Deutschen Demokratischen Republik sind nach dem Zusammenbruch des Nazi-Regimes grundlegende sozial-ökonomische Veränderungen vor sich gegangen. Die Herrschaft der Monopole und Großgrundbesitzer wurde beseitigt und eine neue demokratische Ordnung geschaffen. Die Betriebe der Nazi- und Kriegsverbrecher wurden Volkseigentum. Die Staatsmacht und die Schlüsselpositionen in der Wirtschaft befinden sich in den Händen des werktätigen Volkes. Damit sind die Voraussetzungen geschaffen für einen aktiven Anteil der Millionen Arbeiter, Bauern und der Intelligenz am gesellschaftlichen und wirtschaftlichen Leben. Auf der Grundlage dieser historischen Veränderungen erfolgt der Aufbau unserer Friedenswirtschaft nach einheitlichen Volkswirtschaftsplänen."

4. Forward-looking transitional justice

Die Landgerichte, Arbeitsgerichte oder Oberstaatsanwälte haben in den Jahren 1945 bis 1949 rein zukunftsgerichtete Übergangsjustiz betrieben. Anders als nach gängigem Verständnis von *transitional justice* betraf diese Tätigkeit nämlich nicht die Aufarbeitung von Geschehnissen während einer nunmehr überwundenen Diktatur zum Zweck der Befriedung der Gesellschaft, sondern allein die Neuausrichtung der im Entstehen begriffenen deutschen Teilstaaten. Die Juristen leisteten Basisarbeit an den ideologischen Fundamenten dieser neuen Teilstaaten in Form der Arbeit an Rechtsbegriffen und an Rechtslücken im Wege der Rechtsanwendung auf den Einzelfall. Hierdurch entstand ein zunächst vielstimmiger Diskurs, aus dem sich zunehmend bestimmte Lesarten zu zentralen Fragen der Gesellschaft, nämlich zu Familie und Arbeitswelt, herausbilden.

Diese Form der Übergangsjustiz ist politische Justiz, denn sie ist Justiz, die mangels Existenz einer funktionsfähigen Legislative gesetz-

---

[11] Vgl. Thiel, Arbeitsverfassung und Arbeitsrecht, S. 199 ff.
[12] GBl. 1950, S. 349.
[13] GBl. 1951, S. 550.

geberische Aufgaben übernimmt, indem sie nach und nach grundlegende rechtspolitische Weichenstellungen vornimmt. Diese haben die Gesetzgeber der beiden deutschen Teilstaaten dann letztlich nur noch nachvollzogen. Diese Weichenstellungen konstruierten, weil sie sich in zahllosen Einzelfällen herausbildeten, Stück für Stück gesellschaftliche „Normalitäten", prägten also die Vorstellung darüber, was jeweils „normal" sein sollte in Bezug auf Ehe, Familie, Kinder, Arbeit. Für Benjamin Lahusen verwalten Gerichte Normalität, denn es habe sich ein „Bodensatz gesellschaftlicher Konfliktbewältigung" im Recht „abgelagert, der von allen Stürmen der Weltgeschichte grundsätzlich unberührt" geblieben sei[14]. Dies gilt für die hier untersuchten Bereiche nicht, man könnte vielmehr sagen: „Gerichte schaffen Normalitäten". Diese Aussage dürfte sich mit Blick auch auf andere Übergangszeiten verallgemeinern lassen: In diesen Zeiten erzeugen Gerichte Normalitäten, verändern sie, bestärken oder schwächen sie, sind Gerichte, mit anderen Worten, auch Schöpfer und nicht nur Verwalter. Ob verwaltend oder schöpfend befriedigen sie „Normalitätssehnsüchte", weil das vermeintlich Selbstverständliche in einer Gesellschaft in Unordnung geraten ist, das nicht mehr erklärt und über das nicht mehr entschieden werden muss, und das Handlungsorientierung, Handlungssicherheit, Erwartungsvertrauensschutz in einer Gesellschaft erzeugt. Die in den Jahren der Besatzung gefundenen Lesarten und geschaffenen Normalitäten haben sich als wirkmächtig über Jahrzehnte hinweg erwiesen.

Nur die Analyse zahlloser Gerichtsentscheidungen – für die Untersuchungen, auf denen dieses Buch beruht, wurden mehrere Zehntausend Gerichtsakten ausgewertet – macht den Prozess des Entstehens neuer Lesarten von Gesetzen und des Konstruierens neuer „Normalitäten" sichtbar, auf deren Grundlage die beiden deutschen Nachkriegsgesellschaften aufgebaut werden sollten: die allmähliche subkutane, also bei gleichbleibendem Normtext erfolgende Veränderung von Lesarten, bei der aus einem Gewimmel neuer Lesarten, die sich nach einem Systembruch anbieten, nach und nach Linien entstehen. Nur eine derartige Analyse – viele spannende Aktenbestände harren noch ihrer Erschließung – kann auch das in seiner Dynamik oft unterschätzte Wechselspiel zwischen Recht und Rechtswirklichkeit beleuchten, weil die in Gerichtsakten dokumentierten Verfahren gleichsam an der Schnittstelle zwischen dem Sollen und dem Sein

---

[14] Lahusen, Verwaltung von Normalität, S. 104.

liegen, da die Richter aus abstrakten Sollens-Normen ein bestimmtes Sollen für einen bestimmten Lebenssachverhalt herleiten, das dann erforderlichenfalls auch mittels staatlichen Zwangs durchgesetzt werden kann. Man kann sich also recht sicher sein, dass das, was ausjudiziert wurde, auch umgesetzt wurde. Eine Rechtsgeschichte, die bloße Normgeschichte bleibt, kann sich dessen nicht sicher sein, ja sie weiß nicht einmal, was diese Normen eigentlich bedeuten. Es bleibt also noch viel zu tun.

Abkürzungen

Abs.	Absatz
AOG	Gesetz zur Ordnung der nationalen Arbeit
Art.	Artikel
Az.	Aktenzeichen
BB	Betriebs-Berater
BGB	Bürgerliches Gesetzbuch
BGBl.	Bundesgesetzblatt
BGH	Bundesgerichtshof
BGHZ	Entscheidungen des Bundesgerichtshofs in Zivilsachen
BGVBl.	Bayerisches Gesetz- und Verordnungsblatt
BRG	Betriebsrätegesetz
CDU	Christlich-Demokratische Union
DDR	Deutsche Demokratische Republik
DJ	Deutsche Justiz
DR	Deutsches Recht
DRZ	Deutsche Rechtszeitschrift
EheG	Ehegesetz
GBl.	Gesetzblatt
GVBl.	Gesetz- und Verordnungsblatt
HHStA	Hessisches Hauptstaatsarchiv, Wiesbaden
JR	Juristische Rundschau
JW	Juristische Wochenschrift
KG	Kammergericht
KJ	Kritische Justiz
LAG	Landesarbeitsgericht
LAV	Landesarchiv
LG	Landgericht
MDR	Monatsschrift für Deutsches Recht
MuSchG	Gesetz über die Beschäftigung vor und nach der Niederkunft (Mutterschutzgesetz)
NJ	Neue Justiz
NJW	Neue juristische Wochenschrift
NRW	Nordrhein-Westfalen
NS	Nationalsozialismus, nationalsozialistisch

OGH	Oberster Gerichtshof
OGHZ	Entscheidungen des Obersten Gerichtshofs für die Britische Zone in Zivilsachen
OLG	Oberlandesgericht
RdA	Recht der Arbeit
RGBl.	Reichsgesetzblatt
RMJ	Reichsministerium/Reichsminister der Justiz
SBZ	Sowjetische Besatzungszone
SED	Sozialistische Einheitspartei Deutschlands
SJZ	Süddeutsche Juristen-Zeitung
StA	Staatsarchiv
StAZ	Zeitschrift für Standesamtswesen
US(A)	United States (of America)
ZNR	Zeitschrift für Neuere Rechtsgeschichte
ZS	Zivilsenat

_# Zitierte und weiterführende Literatur

Ascher, Manuela: Die Anwendung nationalsozialistischen Arbeitsrechts in der amerikanischen Besatzungszone am Beispiel bayerischer und hessischer erstinstanzlicher Arbeitsgerichte im Zeitraum von 1945–1949, Regenstauf 2017.
Bedau, Maren: Entnazifizierung des Zivilrechts. Die Fortgeltung von NS-Zivilrechtsnormen im Spiegel juristischer Zeitschriften aus den Jahren 1945 bis 1949, Berlin 2004.
Birndorfer, Franz: Der erstinstanzliche Prozessalltag von 1938 bis 1949 anhand der Ehescheidungsakten des Landgerichts Amberg zu § 55 EheG 1938 und § 48 EheG 1946, Regenstauf 2013.
Brors, Christiane: Die Abschaffung der Fürsorgepflicht. Versuch einer vertragstheoretischen Neubegründung der Nebenpflichten des Arbeitgebers, Tübingen 2002.
Buske, Sybille: Fräulein Mutter und ihr Bastard. Eine Geschichte der Unehelichkeit in Deutschland 1900–1970, Göttingen 2004.
Dickhuth-Harrach, Hans-Jürgen von: „Gerechtigkeit statt Formalismus". Die Rechtskraft in der nationalsozialistischen Privatrechtspraxis, Köln 1986.
Etzel, Matthias: Die Aufhebung von nationalsozialistischen Gesetzen durch den Alliierten Kontrollrat (1945–1948), Tübingen 1992.
Hager, Günter: Rechtsmethoden in Europa, Tübingen 2009.
Hattenhauer, Hans: Das NS-Volksgesetzbuch, in: Buschmann, Arno u.a. (Hrsg.): Festschrift für Rudolf Gmür zum 70. Geburtstag. 28. Juli 1983, Bielefeld 1983, S. 255–280.
Hetzke, Meike: Die höchstrichterliche Rechtsprechung von 1948–1961 zum Scheidungsgrund des § 48 EheG 1946 wegen unheilbarer Zerrüttung. Eine Analyse der Rechtsprechung des Obersten Gerichtshofs für die britische Zone und des Bundesgerichtshofs und die Änderung des § 48 EheG 1946 durch das Familienrechtsänderungsgesetz von 1961, Frankfurt a.M. u.a. 2000.
Lahusen, Benjamin: Die Verwaltung von Normalität. Deutsches Recht und deutsche Gesellschaft 1944–1952, in: ancilla iuris (anci.ch) 2014, S. 99–109.
Kocher, Gernot: Grundzüge der Privatrechtsentwicklung und der Geschichte der Rechtswissenschaft in Österreich, Wien u.a. ²1997.
Löhnig, Martin: Ehelichkeitsanfechtung durch den Staatsanwalt (1938–1961), in: Zeitschrift der Savigny-Stiftung für Rechtsgeschichte: Germanistische Abteilung 124 (2007), S. 323–346.
Löhnig, Martin: Scheidungsalltag an einem erstinstanzlichen Gericht vor und nach dem „Zusammenbruch": Die Eheakten des Landgerichts Amberg aus den Jahren 1944–1946, in: Zeitschrift der Savigny-Stiftung für Rechtsgeschichte: Germanistische Abteilung 125 (2008), S. 501–526.
Löhnig, Martin: Die Justiz als Gesetzgeber. Zur Anwendung nationalsozialistischen Rechts in der Nachkriegszeit, Regenstauf 2010.
Löhnig, Martin (Hrsg.): Zwischenzeit. Rechtsgeschichte der Besatzungsjahre, Regenstauf 2011.

Löhnig, Martin: The Evolution of the Concept of Family and the „Special Protection of Family and Marriage" in German Law, in: Journal on European History of Law 4 (2013) H. 2, S. 9–14.

Löhnig, Martin: Re-education by Jurisdiction: On Enforcing a Christian-Occidental Understanding of Marriage in Western Germany after 1945, in: HSE – Social and Education History 3 (2014) H. 2, S. 133–148.

Löhnig, Martin: Breaking with bourgeois rules and traditions. The divorce files of Eastern German courts in the late 1940s, in: Tijdschrift voor Rechtsgeschiedenis/Revue d'Histoire du Droit/The Legal History Review 83 (2015), S. 487–513.

Melin, Patrick: Gesetzesauslegung in den USA und in Deutschland. Historische Entwicklung, moderne Methodendiskussion und die Auswirkungen von Divergenzen für das internationale Einheitskaufrecht (CISG), Tübingen 2005.

Niksch, Dieter: Die sittliche Rechtfertigung des Widerspruchs gegen die Scheidung der zerrütteten Ehe in den Jahren 1938–1944, Köln 1990.

Ramm, Thilo: Nationalsozialismus und Arbeitsrecht, in: Kritische Justiz 1 (1968), S. 108–120.

Rüthers, Bernd: Die unbegrenzte Auslegung. Zum Wandel der Privatrechtsordnung im Nationalsozialismus, Tübingen ⁷2012.

Schmitt, Carl: Über die drei Arten des rechtswissenschaftlichen Denkens, Hamburg 1934.

Schubert, Werner: Die Projekte der Weimarer Republik zur Reform des Nichtehelichen-, des Adoptions- und des Ehescheidungsrechts, Paderborn u.a. 1986.

Selbert, Elisabeth: Ehezerrüttung als Scheidungsgrund, Göttingen 1930.

Sonnenschein, Manuela: Entnazifizierung nationalsozialistischen Arbeitsrechts. Die Rechtsprechungstätigkeit nordrhein-westfälischer Arbeitsgerichte 1945–1949, Regenstauf 2014.

Stolleis, Michael: Theodor Maunz – Ein Staatsrechtslehrerleben, in: Kritische Justiz 26 (1993), S. 393–396.

Strohmaier, Alexandra: Der erstinstanzliche Prozessalltag in der Zeit von 1938 bis 1950 anhand der Ehescheidungsakten des Landgerichts Ravensburg, Regenstauf 2017.

Thiel, Wera: Arbeitsverfassung und Arbeitsrecht. Sowjetische Besatzungszone, in: Wengst, Udo (Hrsg.): Geschichte der Sozialpolitik in Deutschland seit 1945, Bd. 2/1: 1945–1949. Die Zeit der Besatzungszonen, Baden-Baden 2001, S. 199–210.

Waibel, Dieter: Von der wohlwollenden Despotie zur Herrschaft des Rechts. Entwicklungsstufen der amerikanischen Besatzung Deutschlands 1944–1949, Tübingen 1996.

Zarusky, Jürgen: Recht und Justiz in der NS-Diktatur. Neue Literatur, in: Zeitschrift für Neuere Rechtsgeschichte 28 (2006), S. 409–432.

Zeitgeschichte im Gespräch

Band 1
Deutschland im Luftkrieg
Geschichte und Erinnerung
D. Süß (Hrsg.)
2007. 152 S.
ISBN 978-3-486-58084-6

Band 2
Von Feldherren und Gefreiten
Zur biographischen Dimension des
Zweiten Weltkriegs
Ch. Hartmann (Hrsg.)
2008. 129 S.
ISBN 978-3-486-58144-7

Band 3
Schleichende Entfremdung?
Deutschland und Italien nach dem
Fall der Mauer
G.E. Rusconi, Th. Schlemmer,
H. Woller (Hrsg.)
2. Aufl. 2009. 136 S.
ISBN 978-3-486-59019-7

Band 4
Lieschen Müller wird politisch
Geschlecht, Staat und Partizipation
im 20. Jahrhundert
Ch. Hikel, N. Kramer, E. Zellmer
(Hrsg.)
2009. 141 S.
ISBN 978-3-486-58732-6

Band 5
Die Rückkehr der Arbeitslosigkeit
Die Bundesrepublik Deutschland im
europäischen Kontext 1973–1989
Th. Raithel, Th. Schlemmer (Hrsg.)
2009. 177 S.
ISBN 978-3-486-58950-4

Band 6
Ghettorenten
Entschädigungspolitik,
Rechtsprechung und historische
Forschung
J. Zarusky (Hrsg.)
2010. 131 S.
ISBN 978-3-486-58941-2

Band 7
Hitler und England
Ein Essay zur nationalsozialistischen
Außenpolitik 1920–1940
H. Graml
2010. 124 S.
ISBN 978-3-486-59145-3

Band 8
Soziale Ungleichheit im Sozialstaat
Die Bundesrepublik Deutschland
und Großbritannien im Vergleich
H.G. Hockerts, W. Süß (Hrsg.)
2010. 139 S.
ISBN 978-3-486-59176-7

Band 9
Die bleiernen Jahre
Staat und Terrorismus in der
Bundesrepublik Deutschland und
Italien 1969–1982
J. Hürter, G.E. Rusconi (Hrsg.)
2010. 128 S.
ISBN 978-3-486-59643-4

Band 10
Berlusconi an der Macht
Die Politik der italienischen
Mitte-Rechts-Regierungen in
vergleichender Perspektive
G.E. Rusconi, Th. Schlemmer,
H. Woller (Hrsg.)
2010. 164 S.
ISBN 978-3-486-59783-7

Band 11
Der KSZE-Prozess
Vom Kalten Krieg zu einem
neuen Europa 1975–1990
H. Altrichter, H. Wentker (Hrsg.)
2011. 128 S.
ISBN 978-3-486-59807-0

Band 12
Reform und Revolte
Politischer und gesellschaftlicher
Wandel in der Bundesrepublik
Deutschland vor und nach 1968
U. Wengst (Hrsg.)
2011. 126 S.
ISBN 978-3-486-70404-4

Band 13
Vor dem dritten Staatsbankrott?
Der deutsche Schuldenstaat in
historischer und internationaler
Perspektive
M. Hansmann
2., durchgesehene Aufl. 2012. 113 S.
ISBN 978-3-486-71784-6

Band 14
Das letzte Urteil
Die Medien und der Demjanjuk-
Prozess
R. Volk
2012. 140 S.
ISBN 978-3-486-71698-6

Band 15
Gaddafis Libyen und die
Bundesrepublik Deutschland 1969–
1982
T. Szatkowski
2013. 135 S.
ISBN 978-3-486-71870-6

Band 16
„1968" – Eine
Wahrnehmungsrevolution?
Horizont-Verschiebungen des
Politischen in den 1960er und 1970er
Jahren
I. Gilcher-Holtey (Hrsg.)
2013. 138 S.
ISBN 978-3-486-71872-0

Band 17
Die Anfänge der Gegenwart
Umbrüche in Westeuropa nach dem
Boom
M. Reitmayer, Th. Schlemmer (Hrsg.)
2014. 150 S.
ISBN 978-3-486-71871-3

Band 18
Homosexuelle im
Nationalsozialismus
Neue Forschungsperspektiven zu
Lebenssituationen von lesbischen,
schwulen, bi-, trans- und
intersexuellen Menschen 1933–1945
Michael Schwartz (Hrsg.)
2014. 146 S.
ISBN 978-3-486-74189-6

Band 19
Entspannung in Europa
Die Bundesrepublik Deutschland
und der Warschauer Pakt 1966–1975
G. Niedhart
2014. 131 S.
ISBN 978-3-486-72476-9

Band 20
Der Faschismus in Europa
Wege der Forschung
Th. Schlemmer/H. Woller (Hrsg.)
2014. 148 S.
ISBN 978-3-486-77843-4

Band 21
Diplomatie mit Gefühl
Vertrauen, Misstrauen und die
Außenpolitik der Bundesrepublik
Deutschland
R. Kreis (Hrsg.)
2015. 110 S.
ISBN 978-3-486-77844-1

Band 22
Moskaus Spuren in Ostdeutschland
1945–1949
Aktenerschließung und
Forschungspläne
D. Brunner/E. Scherstjanoi (Hrsg.)
2015. 151 S.
ISBN 978-3-11-040253-7

Band 23
Die Bundesrepublik Deutschland
und die Türkei 1978–1983
T. Szatkowski
2016. 157 S.
ISBN 978-3-11-044453-7

Band 25
Männer mit „Makel"
Männlichkeiten und gesellschaft-
licher Wandel in der frühen
Bundesrepublik
B. Gotto, E. Seefried (Hrsg.)
2017. 158 S.
ISBN 978-3-11-045210-5

www.ingramcontent.com/pod-product-compliance
Lightning Source LLC
Chambersburg PA
CBHW030222170426
43194CB00007BA/827